正　誤　表

本書に下記の誤りがありました。お詫びして訂正致します。

目次　IXページ　第13章の部分

（誤）　**13-1**　**DEL** と介護報酬

（正）　**13-1**　介護報酬

本文　252ページ

（誤）　**13-1**　**DEL** と介護報酬

（正）　**13-1**　介護報酬

Receipt Management Studies

レセプト
管理学
―論から学への深化―
~ Theory to Science ~

【監修】
一般社団法人 日本レセプト学会
【著】
大友　達也
小熊　英国
河合　　晋
黒野　伸子
酒井　一由
坂本ひとみ
瀬戸　僚馬
内藤　道夫
長面川さより
秦　　康宏
服部しのぶ
堀内　寛之

執筆者一覧

【監修者】

一般社団法人　日本レセプト学会

【著　者】五十音順

大友　達也　就実短期大学
……………………… はじめに，第1章1-1 4)，1-2，1-4，第2章2-2，終章

小熊　英国　芸術文化観光専門職大学 ………………………… 第5章，第6章

河合　晋　岐阜協立大学 ………………………………………… 第9章

黒野　伸子　宮崎学園短期大学…… 第1章1-1 1) 2) 3)，1-2，1-3，第12章

酒井　一由　藤田医科大学 ……………………………………… 第11章

坂本ひとみ　芸術文化観光専門職大学 ……………………… 第7章，第8章

瀬戸　僚馬　東京医療保健大学………………………………… 第4章

内藤　道夫　鈴鹿医療科学大学………………………………… 第3章

長面川さより　株式会社ウォームハーツ ……………………… 第11章

秦　康宏　大阪大谷大学 ………………………………………… 第13章

服部しのぶ　鈴鹿医療科学大学 ………………………………… 第11章

堀内　寛之　はせがわ整形外科………………………………… 第10章

第1章資料提供
　　図1-4：**小寺　登**
　　図1-6，図1-7：**湯浅大司**　設楽原歴史資料館
第1章資料翻刻
　　石川　寛　名古屋大学大学院

はじめに

　本書の発刊は日本レセプト学会の誕生と密接に関わっている。学会の誕生は2017年10月1日，その前には学会創設のための準備として5年間の準備期間がある。学会設立の必要性を感じたのは，さらに遡る10年ほど前である。学会誕生まで，なぜ長きにわたる期間を要したのか，そして，なぜレセプト学会という名称であるのか，なぜこのような学会が必要であるのか，この本の誕生背景として説明しておきたい。

　大学など高等教育機関での教育が始まるまでの間，レセプトはこれまで応用科学，学問ではなく，実務領域の職業技能としての学習として専門学校，各種学校で教育されていた。

　しかし，時代は変わり，医学部ではレセプトに関する教育が組み込まれ，専門学校は専門士の称号を得るようになり，短大，大学で資格取得する機会が広がり学問を教える場でレセプト教育がカリキュラムに組み込まれるようになった。レセプトに関する知識は，おおむね医療事務職を想定した資格として位置づいているため，特定職業における実務技能科目として存在しており，学問の応用科学科目として位置しているとは考えにくかった。この職業に就いた場合に必要な事務一般知識とレセプトに必要な知識を積み重ねて，カリキュラムが構成される。医療法などをはじめとする法律，医療保険制度などの社会保険の仕組み，簿記や会計に関する知識，解剖学など医学の知識，薬理学，臨床検査などのほか，倫理学，医療社会学，関連する社会福祉，介護保険の知識，経営，経済など幅は広い。

　多様な専門科目のなかに，医療保険請求に関する科目を配置されることになるが，技能科目としての性質があるため，科目名は統一されておらず，科目名称は医療保険請求論，医療保険演習，診療報酬演習，医事

iii

演習，診療報酬実務演習，メディカル演習など様々で演習科目として位置づいているものも多い。なぜ，科目名が多種多様で統一性がないのか，それは応用科学として位置づいていないということだけではない。大きな問題は第1に国家資格ではなく資格団体が様々であること，第2に，レセプトに関しての科目として統一させる専門職団体がなかったためである。後者の事情は，学会を創設するトリガーになっている。

　学会はレセプトを学問にするうえで重要であるとともに，科目名の統一性をもたらすうえで必須と考えられる。かつて看護学が誕生したように，レセプトにおいてもなんらかの名称で学問が誕生してもおかしくはない。医療事務のコアとなるこの科目は当たり前のように，実務の域から抜け出すことがなかった。しかしながら，近年，世界ではAIの導入が進んでおり，レセプトは医療事務だけではなく，経営者に必須の専門科目として位置づくように歩みだしている。診療報酬はもはや医療事務の科目に付随した科目ではなくなりつつあり，大学院での医療経営の中に組み込まれるレセプトを経営に応用する専門研究も増えている。レセプトデータを分析して医療を分析するための基盤となる独立した科学であり，経営者等，医療事務以外の分野の人々がレセプトを利用しうる。そもそも，レセプトに関しては，医療費，福祉費に関して，政策のなかに組み込まれたものである為，政策論が大きく関与している。こうなってくると，実務レベルだけではなくアカデミックなレベルが必須となることは言うまでもない。さらに，付け加えて，この分野は自然科学ではなく，明らかに人工科学である。ゆえに，そのものが示す価値を見出すことが当時できなかった。そのためレセプト論，レセプト学の構築に長い年月をかけてしまったことを否めない。

　第1章でも述べているが，学会がなかったことはある意味でこの分野の科学的発展を遅らせてしまっている。「レセプト」の定義が不明確で，時代に合わせた定義の更新がない，用語が極めて国内に特化しており海

外にもレセプトに相当するものがあるにも関わらず，国際標準化はされていないうえ，国際的視野にたった文献が少ない，そもそも用語辞典がなく，用語を英語で標準的に表現できていない（たとえば初診料を英語で表現するのは個人差がありすぎる課題となってしまっている），そのうえ海外比較が乏しい，歴史的研究がない，医療事務養成における教育方法の研究の不足，そして根底には発表する学会がないため，研究者も少ないなど，非常に多くの課題を抱えてしまった。2019年に日本最古の明細書を岐阜県で学会が総力を挙げて発見，全国ニュースになったのは，学会が誕生してわずか2年目のことで，学会の誕生がいかに必要であったのかを証明したかのような結果である。

　日本はなんらかの形で国際化していくと思われる。メディカルツーリズムも定着してきたが，今特に問題となっているのは介護労働者の圧倒的な不足状態である。

　日本では外国人労働者に頼る状況であり，急速にその体制が創られはじめている。その点から見れば，急速な国際化は福祉分野から始まっているとも考えられる。

　日本は，人口減少のなかで，国際化，DX化の波が押し寄せている。点数の改定は政策誘導的性質があることから，国際も，DXも日本で深化するための必要な策として，点数化されることは容易に想像できよう。

　単なる医療費等の研究学会と思われがちであるが，日本レセプト学会では，政策研究は重要であると考えており，その事業は「人類の永続性」を支える活動と言っても過言ではない。

一般社団法人　日本レセプト学会

理事長　大友　達也

もくじ

はじめに　iii

第1章　レセプト管理とは ……………………………………… 1

1-1　レセプトとは　2

1-2　レセプト管理　20

1-3　情報更新管理　21

1-4　これからのレセプト　22

第2章　レセプト・コンプライアンス …………………… 27

2-1　不正・不当請求防止に関するレセプト・コンプライアンス　28

第3章　レセプト情報の活用 …………………………………… 41

3-1　レセプト研究の可能性　42

3-2　活用事例（学会発表の動向）　68

第4章　リアルワールドデータとしての
レセプト情報の価値 ……………………………… 77

4-1　はじめに　78

4-2　リアルワールドデータとしてのレセプトデータ　79

4-3　RWDとしてのレセプトデータ活用方法　81

4-4　レセプトデータ活用の課題　83

第5章 医療サービスマネジメント …………… 85

5-1 患者満足　86

第6章 医療（病院・クリニック）サービス
マーケティング ……………………………… 101

6-1 医療（病院・クリニック）提携のメリット　102

6-2 歯科を含めたクリニック・病院のフランチャイズ（FC）　103

6-3 病院・クリニックの提携のかたち　104

6-4 医療（病院・クリニック）マーケティング　106

6-5 医療（病院・クリニック）マーケティングのValue Line　107

6-6 顧客満足ピラミッド　108

6-7 医療（病院・クリニック）サービスの表層要素の変化と
活性化プログラムの作用モデル　110

6-8 ペルソナマーケティング　112

6-9 ペルソナにおける3つのルール　112

6-10 ペルソナが求める感情のゴール　113

6-11 ペルソナ例について　114

6-12 デプスインタビュー　115

6-13 患者が目指すゴール例　116

第7章 人材育成とダイバーシティ ……………… 119

7-1 中小企業の人材育成　122

7-2 福祉サービスにおける人材育成　131

7-3 海外の企業における人材確保と人材育成　140

7-4 コロナ禍での就職活動とダイバーシティ採用について　145

第8章　組織とリーダーシップ·····151

8-1　はじめに　152

8-2　組織とは　153

8-3　組織の役割　155

8-4　組織文化と組織構造　159

8-5　組織のマネジメント　160

8-6　リーダーシップの種類と役割　162

8-7　リーダーシップの重要性　165

8-8　組織の変革とリーダーシップの関係　167

8-9　まとめ　167

第9章　財務管理·····171

9-1　会計の意義　172

9-2　会計の分類　174

9-3　病院の会計　177

9-4　病院の財務会計　179

9-5　病院の管理会計　189

9-6　レセプト管理士と会計　197

第10章　マネジメント事例·····199

10-1　顧客満足度がSNSを制す　200

10-2　病院はサービス業　201

10-3　CS調査から導き出す患者獲得戦法　202

10-4　患者・利用者満足度とチームの強化　205

第11章　国際化 209

11-1　患者対応と国際化　210

11-2　医療の国際化　210

11-3　外国人患者対応の実際　218

11-4　海外療養費制度におけるレセプト換算業務　229

第12章　日本と海外の医療制度 238

12-1　日本の医療制度　240

12-2　海外の医療制度　244

第13章　介護レセプト 251

13-1　DELと介護報酬　252

13-2　介護レセプト　258

13-3　LIFEについて　259

13-4　介護専門用語と会話表現（英語）　262

13-5　海外の介護保険制度，福祉制度　270

13-6　外国人介護人材の現状　275

終章　レセプト知識の不足 281

第1章
レセプト管理とは

1-1. レセプトとは

「今日の治療費，高い気がするんだけど‥‥」

「ここに書いてある治療費の意味がわからないから教えてもらえますか?」

医療機関で働いている読者の方々は，患者からこのような質問や疑問を受けたことがあるかもしれない。しかし，医療費の仕組みは複雑なので，このような質問には診療報酬に関する知識がないと正確な説明はできない。請求された金額は正しく計算されているのだろうか，と患者が疑問を持つことも不思議ではなく，医療費の内容を十分に理解できないままに会計を済ませていることが多い。国民皆保険とはいえ，医療保険制度が理解されているわけではないのである。医療費の仕組みが分かりづらいため，平成22年（2010年）4月から診療明細書の発行が義務付けられたが，その内容は，「診療報酬明細書（図1-2，1-3）」に準じて記載され，病名の記載はない。また，計算の根拠も説明も示されていないため，患者が内容を理解するのは難しい。しかも近年，外国人の患者も増加しており，医療保険制度を熟知し，適切な説明ができる職員の存在は，患者にとってとても心強い。

本章では，保険医療機関の収入に不可欠な「レセプト」についての概要を述べる。

1. レセプトの概要

傷病等による受診時において準備するものには何があるだろうか。多くの人は「保険証」「現金」「お薬手帳」等を思い浮かべるだろう。保険証は正式には被保険者証といい，医療保険に加入している証明書である[1]（木津（2016），pp.15-16）。わが国では，すべての国民が何らかの公的医療保険に加入しているので被保険者証は当たり前の存在になって

2

いるが，重要な書類である。

　被保険者証があれば，患者は最大3割までの負担で医療を受けることができ，多額の支出を抑えることができる。保険医療機関では，残りの7割を保険者へ請求するために1か月ごとに医療費の請求書を作成し，提出する。その流れは図1-1に示した通りである。請求の際に作成する帳票は診療報酬明細書といわれてきた。この帳票は一般にレセプトと呼び慣らわされており，レセプト作成は医療事務員等の重要な業務のひとつである。医療事務とレセプトは密接な関係があり「医療事務＝レセプト作成」という理解がされていることも少なくない。今後，電子カルテがさらに深化することで，医師もレセプト作成者となることが予想される。調剤薬局事務や介護報酬事務などもレセプト作成が必要であり，人

【図1-1】診療報酬請求と支払いの流れ[2]

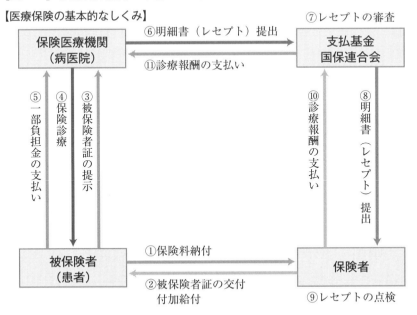

（出典）藤田医科大学医療科学部医療経営情報学科編（2008），p.6

ではないAIが作成することも考えられなくはない。レセプト作成者を
単に医療事務とは表現できなくなっている。本書では，上記の事情を強
調する際は「算定者」と表現するが，便宜上，レセプト作成者を医療事
務と表現する場合があるので，ご留意いただきたい。

2.レセプトの定義

　前項で述べた通り，一般にレセプトは，保険請求業務で用いる帳票と
理解されていることが多かった。しかし，帳票に盛り込まれた情報も包
含して考えるとき，レセプトは異なった意味を持ってしまう。ここで
は，レセプトについての共通理解を助けるために，日本レセプト学会の
定義を以下に示す。

> レセプトとは，狭義では医科診療報酬，歯科診療報酬，調剤報酬，介護
> 報酬，訪問看護の報酬におけるそれぞれの社会保険への請求文書，（帳票）
> およびそれぞれに記載された情報と記載される情報の総称である。
> 　　　　　　　　　　　　　　　　　2019年9月26日　日本レセプト学会

　レセプトは保険医療機関ごとに，患者に係る1か月分の診療内容と医
療費であることが従来の認識であった。医療費の一覧表を**診療報酬点数
表**といい，医療費は点数で表されている。しかし，電子化されAIの普
及により，レセプトの概念も変わりつつある。日本ではレセプトは翌月
10日までに提出する。つまり審査機関側からみると，1か月前の過去
データの提出というスタイルになっているが，台湾や韓国は即日レセプ
トが作成され，その翌日には提出するリアルタイムなスタイルであるた
め，制度そのものが大きく違う。この翌日以降提出のリアルタイムであ
るほうが，スピードが速まるこれからのAI時代には相性が良いことは
言うまでもない。そして，診療報酬は日本では原則として2年ごとに見

4

第1章　レセプト管理とは

直される（介護報酬は3年）が，現代の情報変化は非常に早く，2年，3年のタイミングではない小改定が必要に応じて行われている。算定に関わる者は改定スピードが速くなる時代において，常に情報収集に努める必要がある。医療費が大きく変わる項目については，タイムリーに院内に掲示するなど，患者の理解を得ることが大切である。外国人患者のために外国語表記をする工夫も今後は必要になってくるだろう。

　現在レセプトは「医科」「歯科」「調剤」「介護」「訪問看護」の5種類があり，その他労災保険請求の際に用いる労災レセプトがある。それぞれ様式は異なるが，A4版（日本工業規格A列4番）白紙に黒字印刷と定められており，医療機関の都合で変更することはできない。様式は外来用と入院用の2種類がある（図1-2, 1-3）。作成は保険医療機関ごとに1人の患者につき原則として1通を作成するが，加入保険が変更した場合は複数のレセプトを作成する場合もある。レセプト作成には黒か青のペンを用い，訂正は二重線を用いるなどの決まりがあるが，現在はレセプト作成の専用機（レセプトコンピュータ）やレセプト作成ソフト，電子カルテを用いることが基本であり，手書きのレセプトは将来的に廃止になる。近年，レセプトの電子化が急速に進んでおり，2020年1月分で98.5％が電子レセプト，1.5％が紙レセプトでの請求である。このデータを見るとペーパーレスが進んでいるようにみえるが，わが国の診療報酬制度は複雑なので，レセプトは必ず医療事務員等の手で点検しなければならない。コンピュータの画面上では見落としが多く，人によっては点検しづらいため，多くの医療機関が一旦紙レセプトに打ち，複数人で点検しているケースが少なくない。この点検作業においても，これからはAIと人とのワークシェアが期待されており，点検の自動化に向かっている。人によるチェックは極力省力化され，ペーパーレス化することは明らかである。

　日本のレセプト提出は先に述べた通り1か月前の過去データであり，

5

海外でのレセプトの意味合いとズレが生じている。学会ではレセプトの定義を従来の過去の性質をベースにした概念ではなく，リアルタイムおよび未来の使用価値を鑑みて，再定義している。

　これはレセプトを作成する海外の事情を踏まえ，国際標準化させた定義とも言える。大友（2024）によれば「AIは事象における時間の価値を創造する」[(1)]と提唱し，レセプトの活用価値，特にリアルタイムの価値は計り知れない。たとえば，不正請求の発覚は日本ではレセプト提出後の審査時ということになるため，1か月以上後になることが基本であるが，韓国ではコード化されたレセプトであるため，審査は非常に速くリアルタイムであるため，即日発見できる場合もある。

　早期に発見できなければ，その間に不正請求は続き，被害額が膨らんでしまうため，リアルタイムのメリットは大きいと考えられる。改定の影響をシミュレーションすることで，収益予測ができることもAI技術の発展で未来予測データとしての価値を持ち始める。これまではレセプトは過去の情報としての性質が強いと言えるが，このようにレセプトは深化しており，時間を横断し現在，未来へ価値を持つようになった。定義に示されている「記載される情報」は上記の実態を反映させたものである。

3. レセプトの歴史

　健康保険法は大正11年（1922年）に公布，昭和2年（1927年）に施行された。大正15年（1926年）には医療費の点数制案が日本医師会から提案され，現在の医療制度の基礎が形成されつつあった。しかし，被保険者は工場法，鉱業法の適用を受けた事業所に限られ，給付はその被保険者のみであった。したがって，制度の恩恵を受けられたのは就業人口の7％にも満たなかった[3)]。

　健康保険法施行以前は医療費を全額医療機関に支払う「自費診療」で

第1章 レセプト管理とは

【図1-2】外来用レセプトの様式

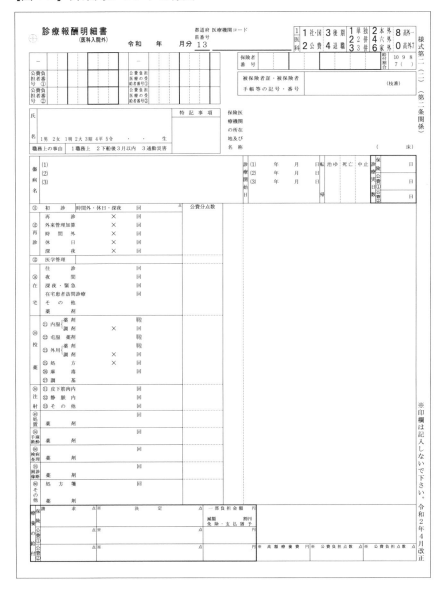

【図1-3】入院用レセプトの様式

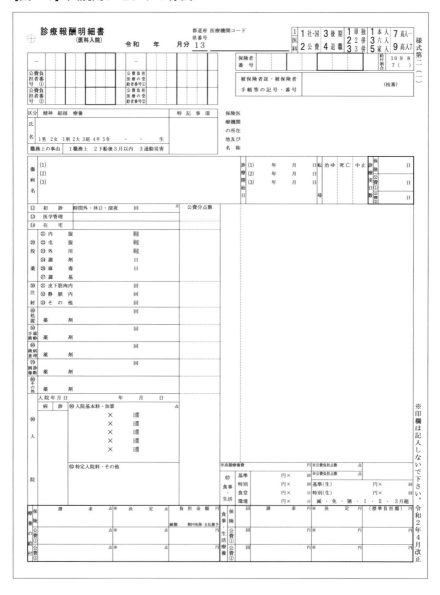

あったが，医療費は地域の医師会で独自に定められ，運用されていた。したがって，治療には多額の費用が必要になり，医療は「高嶺の花」であった。神立（1985）によれば，明治37年（1904年）当時の岡山県赤磐郡西高月村における農村民一戸あたりの年間収入31円45銭のうち，3円16銭7厘が医療費（売薬代含む）として計上されており，かなりの負担であったことがわかる[2]。

　レセプトの概念がなかったため，医療機関は自院で領収証の様式を工夫し，患家に医療費の通知を行っていた。岐阜県大垣市の旧家小寺家には，約9,000点の「小寺家文書」が伝来しており，名古屋大学附属図書館研究開発室が調査・整理し，2012年に目録を刊行した。そのうち，医療に関する文書が約100点伝わっており，2019年9月，日本レセプト学会が，明治41年（1908年）に作成された「薬価及手術料明細書」9点を確認した。虫垂炎で入院していた当主長女の診療明細書である[4]。所有者小寺登氏の許可を得て調査を開始した結果，治療内容の記載された書類が患家宛にされていたことが判明した[4]。明治期に医療費の明確な会計が実施されていたことは画期的な発見であるといえる。図1-4，1-5は明細書画像および翻刻である。医療費の項目ごとに価格が記載され，預り金から差し引く方式で清算していたことが分かる。明細書には，手術，処置，薬剤，材料代等の項目ごとに金額が記載されている。診療報酬体系やレセプト様式の萌芽がみられ，興味深い資料である。また，愛知県新城市の信玄病院には明治から大正期にかけて発行された，「列設布篤（レセプトと読む。処方薬の帳簿）」，「会計原簿（医療費の帳簿）」が残されている。これらは，明細書や領収証作成のための原簿とみられ，明治期に現代に通じる会計制度が確立されていたことが分かる。明治期に，「レセプト」の名称が使用されていたことは興味深い。

　その後，昭和13年（1938年）に国民健康保険法が制定され，徐々に法整備が進んでいった。昭和36年（1961年）には国民皆保険を達成し

【図1-4】「薬価及手術料明細書」

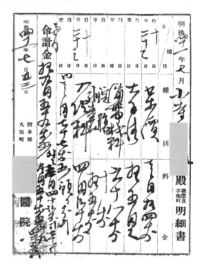

明治41年（1908年）7月23日発行
画像の一部を修正している（筆者注）
資料提供：小寺登氏

【図1-5】「薬価及手術料明細書」翻刻

翻刻：石川寛

第1章　レセプト管理とは

【図1-6】「列設布篤（レセプト）」表紙

信玄病院発行　明治27年（1894年）
資料提供：湯浅大司氏（設楽原歴史資料館）

【図1-7】「列設布篤（レセプト）」内部

信玄病院発行　明治27年（1894年）
資料提供：湯浅大司氏（設楽原歴史資料館）

11

【図1-8】旧レセプト様式　社保本人単独（入院外）

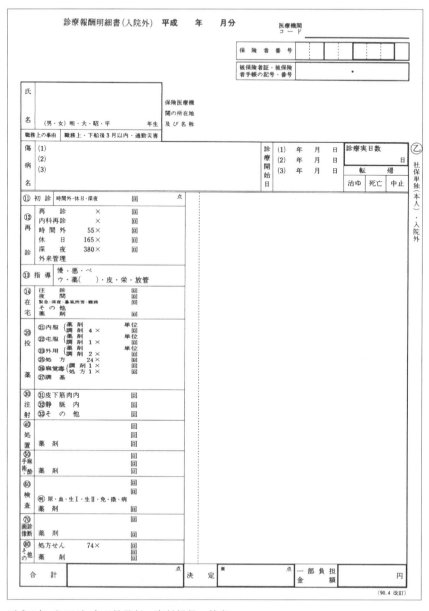

平成2年（1990）年4月発行。資料提供：筆者

【図1-9】旧レセプト様式　社保本人単独（入院）

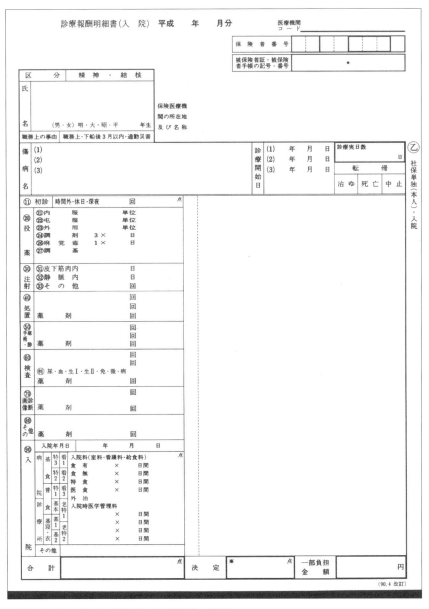

平成2年（1990）年4月発行。資料提供：筆者

ているが，当時のレセプトはB5版（日本工業規格B列5号）で保険ご
とに用紙と印刷の色が異なっており，公費負担医療は用紙の色で区別さ
れていた。様式がA4版に変更されたのは1997年（平成7年）で，現在
まで修正を重ねながら使用されている。

4. レセプトの様式と記載事項

　レセプトは，医療費を請求するための帳票であると同時に，当該月に
実施された治療の一覧表である。医科外来レセプト各部の名称を例に解
説する（図1-10）。レセプトを手書きで書くことはほとんどなくなった
が，各部の役割を理解しておこう。

①上書き‥‥患者情報，傷病名，傷病の転帰（疾患・怪我などの治療に
　おける結果）を記入する。「頭書き」ともいう。
②摘要欄‥‥診療の明細，診療点数の内訳が記入される。傷病名につい
　て，どのような診療を行ったかを明確にする欄である。算定の根拠，
　理由を注記することもある。レセプト審査が重点的に行われる箇所で
　もあるため，正確な入力が求められる。
③点数欄‥‥摘要欄に記載された内容を集計する欄である。診療項目ご
　とに合計点数を算出する。
④公費分点数欄‥‥公費負担医療に係る点数がある場合にのみ使用す
　る。
⑤コード番号欄‥‥診療区分を明らかにするための番号である。
⑥療養の給付・その他欄‥‥請求点数等を記入する。

5. レセプトのフォーマットの相違

　前項では医科レセプトの様式と記載事項を説明したが，歯科，調剤の
フォーマットとは大きな違いがある。特に着目すべき点は，歯科診療報

第1章　レセプト管理とは

【図1-10】レセプト各部の名称［医科外来］

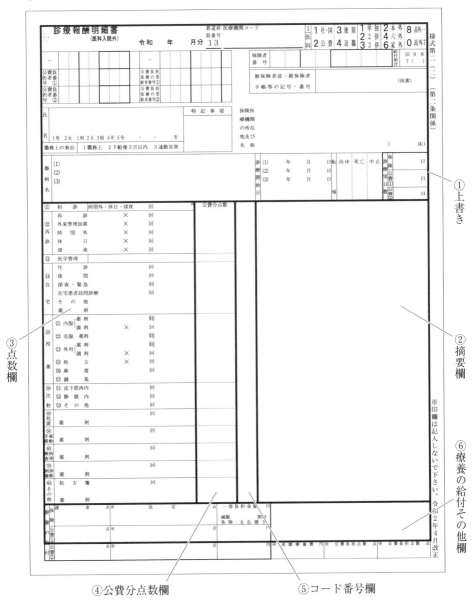

【図1-11】歯科レセプト

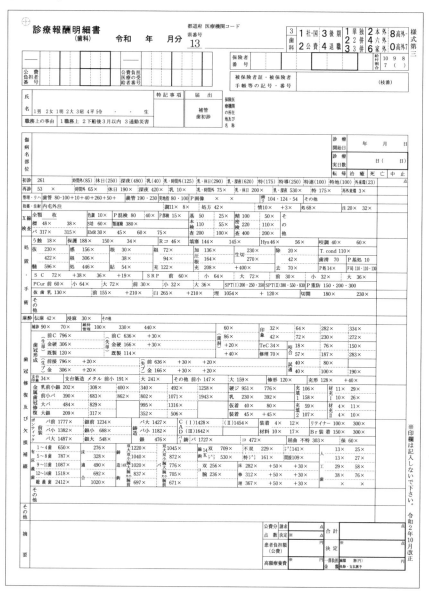

第1章 レセプト管理とは

【図1-12】調剤レセプト

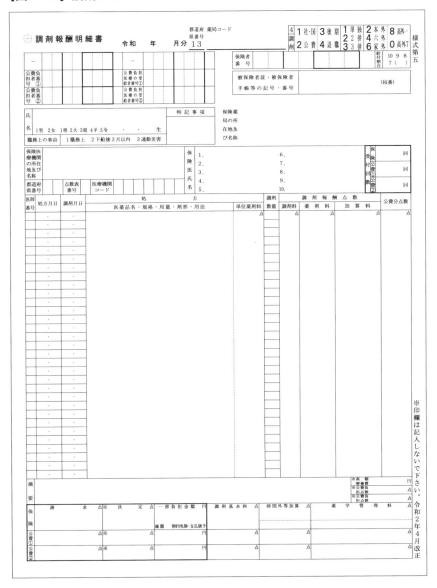

酬明細書の様式である。数値化された項目があらかじめ印刷されており，該当する項目を選択し，横計の合計点数と縦計の合計点数が算出できる構成になっている。

これとは対照的なのが調剤報酬明細書であり，選択ではなく記載がメインである。医科，歯科，調剤のそれぞれのレセプトは，いずれも医療行為を請求するための明細書である。したがって，それぞれの違いは各分野で工夫された結果であることは言うまでもない。

しかし，この工夫が逆にレセプトを複雑にさせている一因であると言える。手書きの時代から発展し，現代のように情報処理技術が発展していないころからの影響もあり，統一した表現になりにくい。これをレセプトの標準化とするならば，その標準化をみるには，少なくとも次の3つの性質について触れなければならない。その3つとは，**共通性**，**連結性**，**互換性**である。

共通性とは，フォーマットが一部，あるいは一定のルールで同等のものになっていることをいい，連結性はどこかを切り抜いたらその部品が他のレセプトに接続できることである。特に医科および歯科が調剤との間で，連結性があるかどうかという視点でみるとよい。互換性はフォーマットが標準化されるならば，医科のレセプトを使わなくとも歯科のレセプトでどの程度，代用できる可能性があるかという性質である。

レセプトの標準化は，従来の「医科」「歯科」「調剤」「介護」「訪問看護」の各分野において縦割り的な性質をもたず，患者が多数の分野のサービスを受ける際に，標準化されたフォーマットによってより効率的に費用計算ができること，各分野との連携したサービスの実施において複雑になる算定を単純化させる可能性をもつ。

標準化は必要かという根本的な必要性の有無について，議論も必要と思われるが，根本的に同一の目的にあるものを別々の方法で作成し，整理され，管理する事に関して，一般論として考えれば必要であると言え

第1章　レセプト管理とは

よう。横断的に活用するならば尚更のことである。

6.医療機関側の視点からみたレセプト

　これまで述べたように，レセプトは患者の医療費を1か月ごとにまとめたもので，医療機関の収入を表すデータであるとともに，医療行為のデータが蓄積されている。近年，電子レセプトが普及するにつれ，レセプトデータの活用が積極的に進んでいる。

　厚生労働省は，「医療費適正化計画の作成等のための調査及び分析等」に使用することを本来の目的とするが，その他医療サービスの質向上，学術研究の発展に資するための分析・研究等のために積極的な使用を推奨している[5]。また，電子レセプトを活用し，被保険者の受診状況をチェックする保険者の取り組みも行われており，医療機関，保険者等の間で連携し，受診指導を行うことも可能となる。

　レセプト電子データは，有償で保険者にも提供されており，「保険者の資格確認」「保険者業務の迅速化・効率化」に寄与している。レセプト情報は，1患者に対して行った医療行為のほか，傷病名，診察開始日，診療内容について取りまとめた客観的なデータの集約であり，今後も有益に利用されていくことと思われる。

7.患者側の視点からみたレセプト

　レセプトは原則として医療機関等の供給者側で作成され，保険者に提出される（図1-1）。したがって，通常は患者の目に触れることはない。しかし，患者は医療費の明細を知る機会がなく，情報の非対称性は大きくなるばかりであった。そこで，平成10年（1998年）にレセプト開示の制度が発足した。患者から開示請求があった際，診療上の支障が生じないこと等を確認したうえで保険者はレセプト開示を行うことになっている。

19

医療機関では，平成22年（2010年）4月から「診療明細書」という名称の書類を領収書とは別に交付している。現行の「保険医療機関及び保険医療養担当規則（以下療養担当規則と記す）には，「患者から求めがあったときは，正当な理由がない限り，（中略）費用の請求に係る計算の基礎となった項目ごとに記載した明細書を交付しなければならない[6]。」とあり，診療明細書の発行が義務付けられている。

　医科診療報酬点数表には，「個別の費用の計算の基礎となった項目ごとに記載した明細書の発行等につき（中略）保険医療機関（診療所に限る。）を受診した患者については，明細書発行体制等加算として，1点を所定点数に加算する[7]。」と定められ，医療保険制度下で患者が診療明細を把握できるようになったのはごく最近のことである。診療明細書の様式は，見やすい工夫はされているものの，レセプト様式をほぼ踏襲している。また，診療の内容表記も診療報酬点数表の項目をそのまま用いているため，難解で患者にとっては理解しづらい。管理者や医療事務員等は，患者の質問に対応できる診療報酬の知識を身に着けておく必要がある。

1-2. レセプト管理

　レセプト管理とは，レセプトに関連した①法・制度情報管理，②経営情報管理，③情報システム管理，④統計資料管理といった広義の意味がある。狭義においてはレセプト業務管理，改定や算定情報に関わる情報の蓄積，算定に関する疑義解釈や有効な算定選択，査定，返戻など含めた実務的，経験的な情報の管理でもある。このような管理のほかに，質的な管理，物理的な管理もある。質的な管理とは単に不当，不正がないものという管理だけではなく，レセプトを経営戦略にいかに使える情報に加工し，資料として利用するかどうかは，この質的な管理に依拠す

る。物理的管理とは，紙から電子データ化される今日，紙の保管管理だけではなく，主として電子データの管理と言える。

　レセプトは，患者の個人情報が盛り込まれているため，その管理には慎重を期さねばならない。レセプトは診療の翌月10日までに作成し提出するので，月末月初にかけて作業を行うため，医療機関にとっては多忙な時期である。現在では電子レセプトが中心で，紙レセプトでの提出は廃止の方向であり，ほとんど行われなくなったが，紙レセプトを打ち出して点検作業を行う医療機関が今でも多い。その場合，電子データの他，大量の帳票が残ることになる。したがって，医療機関は点検作業期間のレセプト保管，不要レセプトの廃棄等の際，患者の個人情報が洩れることがないように十分留意しなければならない。たとえば病院では，点検専用の部屋を設け，「レセプト点検中」の掲示をドアに掛け，関係者以外の立ち入りを禁止するなどの対策を講じている。

　レセプトを扱う管理者や医療事務員等は，患者情報が漏洩することのないように「個人情報保護法」を学習しておく必要がある。紙レセプトを扱う際は，ファイリングの技能も必要となる。ICT化，AI化が急速に進んでいるが，現状はアナログ作業と共存しながら業務を遂行している。医療事務員等が電子機器の扱いに精通することは勿論であるが，書類整理に慣れておくことも，しばらくの間，必要なスキルの一つである。これは，現在がフル電子化される移行期であるならば，医療機関の業務はデジタルとアナログの混在するハイブリット化した状態であることを認識するべきである。

1-3.情報更新管理

　レセプト管理における法・制度情報管理には，改定情報を管理する情報更新管理が重要となっている。

医科診療報酬点数は，原則として2年に1度，介護報酬点数は3年に1度の改定がある。診療報酬は，改定の前年の秋以降，医療部会において法律改正に必要な議論および**診療報酬改定の基本方針**についての議論が開始される。12月初旬に社会保障審議会医療保険部会及び医療部会において基本方針が策定される。基本方針に従い，**中央社会保険医療協議会（中医協）**において，診療報酬点数の修正，項目の削除・新設等に係る審議がなされる。1月に厚生労働大臣の諮問があり，2月に中医協が答申を行い，3月上旬に診療報酬改定に関する告示・通知がなされる。

　この間，厚生労働省のホームページには，改定に伴う情報が順次掲載される。中医協は，1月末に診療報酬改定案の個別改定項目をホームページで掲載する。これを短冊と呼ぶ。3月中旬には白本と呼ばれる改定の速報版が出版される。診療報酬改定は，医療機関の収入を左右するので，医療事務員等はこれらの情報をいち早く入手し，理解しておくことが大切である。3月頃から実施される各種改定セミナーや講習を利用することも有効である。同時期に医事ソフトや電子カルテの更新作業も行われる。

　医療機関では6月から新点数での運用が始まるため，算定法が変わった項目，改定された点数等患者に影響する内容はホームページで告知する，院内に掲示する等の周知を行うとよい。

1-4.これからのレセプト

　すでに，レセプトの定義に触れたが，ここでは，レセプトの定義が更に変化しうることを考えていくことにしよう。レセプトの定義やレセプトの扱いに関しては，これまで議論はほとんどされてこなかった。レセプトは今後，概念の大きな変化，いわゆるパラダイムの転換が発生しうる。端的に言えば，レセプトの存在は医療機関のためのものではなくな

り，定義は再構築を必要とする時代に差し掛かっている。

```
レセプトの再定義
1  多様化
2  DX化
3  国際化
4  連携化
5  専門分化
6  資料化
```

　第1に，**多様化**である。医薬分業が進み，調剤報酬が普及し，介護保険制度が誕生し，福祉分野においても請求明細書を作成するようになった。このような多様化にあわせてレセプトの意味を再定義しなければならない。診療報酬請求明細書だけがレセプトであると断定できなくなっている。現代では医療保険上の請求だけではなくなり，介護保険を含めることで，社会保険全体における請求として再定義される。

　第2に，**DX化**である。電子カルテの普及がその代表的なものである。レセプト作成技術は3世代に渡り発展してきた。第1世代は「手書き作成」の時代である。手書きの中でいかに正確に効率よく作成するかを目標に工夫され，略称などが生みだされ記号化されてきた。第2世代は「電子化」の時代への変遷過程である。この世代では，特に点検能力が求められた。次の世代では，「事務的な点検は不要」となり，第3世代として，いずれ標準化された電子カルテに精度の高いAIを実装したレセプト管理ソフトウエアの誕生，高度なAI技術の活用で，正確に算定されたレセプトデータの応用的活用，患者への説明の時代（レセプト開示や生涯学習）へ推移すると思われる。レセプトデータは経営のための重要なリアルタイムデータとなりうるため，医事課は経理課や企画課等と密接になると考えられる。DXによって組織そのものが変わっていくことが考えられる。

第3に，**国際化**である。外国人患者への料金説明には，診療報酬を外国語で説明できる能力が必要となる。そして，海外の医療保険制度などの知識も必要となりレセプトは国内だけの，医療機関個別レベルのものではなくなってきている。海外の医療機関と連携するうえでも，事務連絡には外国語のコミュニケーションスキルが必要である。今後は医療費における国家間の差を分析する上で，医療費計算の方法論にレセプトは関わることが考えられる。レセプトの概念がない，あるいはレセプトと表現しない国との間で，医療費等の計算上便宜的に国際標準語としてレセプトが用いられることを期待したい。

　第4に，**連携化**である。診療報酬の医科と歯科，調剤報酬，介護報酬，訪問看護は互いに関連をもっており，包括した医療が今後重要になる。患者一人の医療費計算において横断的にレセプトを構築しなければならない可能性を秘めている。電子カルテの標準化や相互の情報交換の基盤が整うことで，より一層その性質が強まっていく。

　第5に，**専門分化**である。これまでにないレセプトを活用する業務が生まれることで，新たな専門性を持つことになる。従来のレセプトを算定する業務とは別にレセプトを経営に活用する時代になることで，経営管理者が自らレセプトを活用するほか，医師以外の経営管理者がレセプトを活用し経営管理業務を担う者も生まれることが予測される。経営に用いる典型的な例としては，AI技術の発展のなかで，レセプトのリアルタイム活用が考えられる。院内でいつどこで誰が何をしたことで，何点の点数となっているかリアルタイムで把握すること。未来への活用としては，新しい改定情報より改定後の収益の影響をシミュレーション算定にて予測することが考えられている。

　第6に，**資料化**である。レセプトが経営資料となることは重要である。そして，研究資料としての価値をもつことも，重要となる。レセプトによるビッグデータの活用は，様々な角度で医学的，医療・福祉社会学

的，医療・福祉経営，医療福祉経済学的研究を可能にする。たとえばレセプトデータからマーケティングなどへの応用，経営の最適化を図ることが考えられる。医療政策の振り返り評価においても，活用しうる可能性はかなり高いと考えられる。その取扱いができる研究者は今後益々必要になるであろう。

　このように，6つの変化が生じている，生じつつあると考えられる。レセプトはその価値を1か月前の過去形のデータとしてみられてきたものであったが，これからはリアルタイム活用や未来予測に用いられ，時間を横断した新たな価値を生む。もし，実現すれば，パラダイムの転換といえるほどの大きな変革である。適切にレセプトを保管し，適切に活用でき，管理できる知識や技術，そしてこれらの研究はますます必要になる。

［注］
(1) 大友達也（2024）「変化する業務・これからの医療事務のあり方？人工知能導入の進んだ台湾や韓国事例から考える？」日本医療経営学会講演にて提唱した。2024年7月27日
(2) 2019年10月静岡県浜松市出身B氏より聞き取りを行った。

［引用文献及び参考URL］
1) 木津正昭（2016）『最新 医療事務入門』医学通信社，p.15-16
2) 藤田医科大学医療科学部医療経営情報学科編（2008初出）『早期臨地体験実習の手引き』p.6
3) 青柳精一（1996）『診療報酬の歴史』思文閣出版，pp.482-552
4) 黒野伸子・石川寛・大友達也（2020）「小寺家文書にみる明治後期の地域医療（1）―日誌から読み解く患家の医療行動」『レセプト論考』第2号，2020

年3月31日受理

5）厚生労働省（2014）「レセプト情報・特定健診等情報データの利活用の促進に係る中間とりまとめ」
https://www.mhlw.go.jp/file/05-Shingikai-12401000-Hokenkyoku-Soumu-ka/0000042585.pdf　2019年12月取得

6）医学通信社編（2023）『医科診療点数早見表 2023年版』医学通信社, p.1493

7）医学通信社編（2018）『医科診療点数早見表 2018年版』医学通信社, p.48

［参考文献］

・石川寛（2019）「近代における高木家文書の調査と活用」『名古屋大学附属図書館研究年報』（16）pp.36-25

・中川輝彦・黒田浩一郎編著（2016）『よくわかる医療社会学』ミネルヴァ書房

・守本とも子編（2020）『看護職をめざす人の社会保障と社会福祉 第2版』みらい

第2章
レセプト・コンプライアンス

一般論として，経営者，管理者はコンプライアンスを重視したマネジメントに努めなければならない。経営に関しては国や地域による差異はあるかもしれないが，自然法として，金銭収受には「払う側」と「受け取る側」との間に不透明な性質，不正な点があってはならないと考える。

　本章では，病院，診療所，薬局，福祉施設などの共通したレセプトに関係したコンプライアンスについて学ぶ。

2-1.不正・不当請求防止に関するレセプト・コンプライアンス

1.指導と監査

　健康保険法第73条では，「保険医療機関及び保険薬局は療養の給付に関し，保険医及び保険薬剤師は健康保険の診療又は調剤に関し，厚生労働大臣の指導を受けなければならない」とされており，保険医療機関等，保険医等に対して，保険診療・保険調剤の質的向上及び適正化を図ることを目的として，療養担当規則等に定められている診療方針，診療報酬・調剤報酬の請求方法，保険医療の事務取扱等について周知徹底することとしている。

　この指導とは，実施対象や方法等により集団指導や新規個別指導，集団的個別指導，個別指導に分類されており，集団指導は，新規に保険診療を行う新規指定医療機関（1年以内）に対して実施され，併せて新規個別指導も行う。

　目安として，集団的個別指導は前年のレセプト1件あたりの平均点数が各都道府県の平均の1.2倍（病院は1.1倍）を超え，かつ上位8％の医療機関が対象になる。高点数レセプトのある医療機関を対象とするものである。個別指導は，集団個別指導を終えた，翌年度の実績がなお高点数（都道府県の平均点数の1.2倍超）に該当する場合（上位から概ね半

28

数）に個別に面談懇談方式で実施される。このほか，集団的個別指導を拒否した場合，あるいは新規の個別指導をしたが改善されていなかった場合，翌年に個別指導を行う。

指導後，その内容に応じ，必要な措置（概ね妥当・経過観察・再指導・要監査）が採られる。厚生局などへ監査が必要となる情報が入った場合，監査を行う場合がある。そもそも監査は保険医療機関等の診療内容又は診療報酬の請求について，不正又は著しい不当が疑われる場合等において，的確に事実関係を把握するために行う（健康保険法第78条等）

なお，監査完了後，確認された事実に応じ，必要な措置（取消処分・戒告・注意）が採られる。これは保険医療機関等の指定取消処分及び保険医等の登録取消処分のことであり，次のいずれかに該当する場合に取消処分の対象となる。

①故意に不正又は不当な診療を行った場合
②故意に不正又は不当な診療報酬の請求を行った場合
③重大な過失により，不正又は不当な診療をしばしば行った場合
④重大な過失により，不正又は不当な診療報酬の請求をしばしば行った場合

取消処分を受けると，その旨が公表されるほか，原則として5年間，保険医療機関等の再指定及び保険医等の再登録を受けることができないこととなる。取消相当の場合，本来，取消処分（保険医療機関等の指定取消，保険医等の登録取消）を行うべき事案について，保険医療機関等が既に廃止され，又は保険医等が既にその登録を抹消している等のため，これら行政処分を行えない場合に行われる取扱いであり，取消処分の場合と同様，取消相当である旨が公表されるほか，原則として5年間，

【表2-1】保険医療機関等個別指導件数
　　　　［令和4年度（2022年），平成30（2018）年度］

（単位：件）

年度	2014	2015	2016	2017	2018	2022
医科	1,604	1,566	1,601	1,628	1,653	545
歯科	1,365	1,331	1,324	1,314	1,332	533
薬局	1,497	1,506	1,598	1,675	1,739	427
計	4,466	4,403	4,523	4,617	4,724	1,505

【表2-2】保険医等個別指導件数
　　　　［令和4年度（2022年），平成30（2018）年度］

（単位：件）

年度	2014	2015	2016	2017	2018	2022
医科	7,797	4,287	4,986	6,611	9,210	9,210
歯科	2,196	1,845	1,979	1,803	2,993	2,993
薬局	2,073	2,143	2,326	2,440	2,657	2,657
計	12,066	8,275	9,291	10,854	14,860	14,860

【表2-3】保険医療機関等集団的個別指導件数
　　　　［令和4年度（2022年），平成30（2018）年度］

（単位：件）

年度	2014	2015	2016	2017	2018	2022
医科	4,170	4,305	4,630	4,426	4,505	5,626
歯科	5,058	5,002	4,920	4,971	4,705	5,168
薬局	3,851	3,928	4,130	3,827	4,056	4,504
計	13,079	13,235	13,680	13,224	13,266	15,298

【表2-4】保険医療機関等監査件数
　　　　［令和4年度（2022年），平成30（2018）年度］

（単位：件）

年度	2014	2015	2016	2017	2018	2022
医科	35	37	28	25	16	20
歯科	45	45	39	33	28	29
薬局	7	8	7	8	8	3
計	87	90	74	66	52	52

第2章　レセプト・コンプライアンス

【表2-5】医療機関等取消件数［令和4年度（2022年），平成30（2018）年度］

（単位：件）

年度	2014	2015	2016	2017	2018	2022
医科	15	10	8	8	9	7
歯科	19	26	18	19	12	9
薬局	7	1	1	1	3	2
計	41	37	27	28	24	18

【表2-6】保険医等監査件数［令和4年度（2022年），平成30（2018）年度］

（単位：件）

年度	2014	2015	2016	2017	2018	2022
医科	112	78	103	68	36	31
歯科	148	81	120	59	48	44
薬局	32	22	40	40	18	15
計	282	181	263	167	102	90

【表2-7】保険医等取消件数［令和4年度（2022年），平成30（2018）年度］

保険医等（単位：件）

年度	2014	2015	2016	2017	2018	2022
医科	8	7	6	5	5	5
歯科	14	18	14	13	12	8
薬局	8	1	1	0	3	1
計	30	26	21	18	20	14

【表2-8】取消医療機関数［令和4年度（2022年），平成30（2018）年度］

（単位：件）

端緒　　　　　年度	2014	2015	2016	2017	2018	2022
保険者からの情報提供	25	20	18	21	17	12
その他	16	17	9	7	7	6
計	41	37	27	28	24	18

※表2-1～8出典
「令和4年度における保険医療機関等の指導・監査等の実施状況」
厚生労働省ホームページ：令和4年度における保険医療機関等の指導・監査等の実施状況について（概況）
https://www.mhlw.go.jp/stf/houdou/0000188884_00004.html（令和6年7月取得）
「平成30（2018）年度における保険医療機関等の指導・監査等の実施状況」
http://www.mhlw.go.jp/seisakunitsuite/bunya/kenkou_iryou/iryouhoken/shidou_kansa.html（令和2年1月取得）

再指定（再登録）を受けることができないこととなる。

2. 不正・不当請求の現状

　2014年から2019年までの5年間で，個別指導は徐々に増えており，監査および取消，取消保険医療機関数はそれぞれ緩やかな減少がみられる。2022年には，個別指導は減っている。個別指導の減少は新型コロナの影響があると考えられる。返還金額は2014年では，133億2,377万円から2019年が87億3,840万円と減少はしているが，2022年は19億7,261万円と大きく減少している。保険医等への個別指導数も保険医療機関への個別指導数とほぼ同様の傾向で増加しており，監査や取消は減少している。

　保険医療機関等および保険医等のいずれも共通して個別指導が増え監査，取消が減少していることから，各施設での自主的コンプライアンス向上の成果と保険請求に関する厳格化による効果があると考えられる。

3. 不正・不当請求の背景

　多くの医療機関や施設で診療報酬請求の作業，つまりレセプト（診療報酬請求明細書）を作成しているのは，医療事務員等である。院長など医師，歯科医師が作成するケースもあるが，決して多くはない。福祉施設であれば，レセプト（介護報酬請求明細書）の作成も同様に，施設長が直接作成作業はしていない。レセプトに関する詳細な知識をもっている事務等の担当者は何をしたら不正になるか，何をしたら点数になるのか，最もルールを知っている職業である。

　不正請求が発生する場合，その背景に何があるのであろうか。レセプトの性質上，レセプトを作成する人は，基本的に事務であると考えられるが，指示をする経営者の立場とは大きく異なる性質がある。

　一般論として，経営者が考えうる思考は，利益を追求しようとする思

第2章　レセプト・コンプライアンス

【表2-9】レセプトの視点

立場	アンダーグラウンドにある志向
医療者	機能志向
経営者	利益志向
算定者	技能志向

（出典）筆者作成

考である。少しでも点数をとりたい，より高い点数を算定できるように
経営したいと願う。つまり，診療単価を引き上げたいと考える。医療者
の一般的思考には，経営者の思考とは別に，レセプトを意識せずに，純
粋にカルテの内容，診療等をみようとする。レセプトのルールを意識し
ていない，あるいはルールを知らない状態であることも少なくない。そ
のため経営思考とは逆の方向性を持つことも少なくない。たとえば，必
要性のない検査はなるべくしない，医師の方針でなるべく薬を出さない
という方向も典型的な例である。事務系算定者が考えやすい思考は，技
能指向である。審査をパスできる事，算定ルールを重視するが，点数の
持つ意味，社会的影響までを意識することまでは考えにくく，経営者の
方針に従い，いかに正確に，速く処理することが基本的に求められる能
力として意識している。

　このように立場が異なる者がレセプトに関与している。3者のどれが
最も大きく影響しているかは，職場のパワーバランスによると考えられ
る。

4. 不正・不当請求の種類

　不正請求には診療報酬，調剤報酬，介護報酬の請求において，詐欺や
不法行為に当たるものをいう。架空請求，付増請求，振替請求，二重請
求，その他の請求に区分される。

　多くは保険者から送付される「医療費のお知らせ」（医療費通知書）

をみた被保険者が違和感を持ち，保険者等への問い合わせによって発覚するが，職員が受診したように偽装している場合などもある。不正請求の発覚には，職員からの内部告発によって発覚することも少なくない。

(1) 架空請求

実際に診療などを行っていないにもかかわらず，診療をしたごとく保険者へ請求をすることをいう。たとえば，実際に受診していないにも関わらず，受診したこととして，架空の患者のいる診療録を作成し，保険請求を行う。このほか，診療が継続している者で，当該診療月に診療行為がないにもかかわらず請求を行った場合，当該診療月分については架空請求となる。

(2) 付増請求

診療行為の回数（日数），数量，内容等が実際の実施よりも多く請求することがそれにあたる。たとえば，注射をしていなかったにもかかわらず，注射をしたことにして算定されている。このような実際にしていない診療行為が追加されて保険請求されるものを付け増しという。この場合，多くは「医療費のお知らせ」（医療費通知書）をみた被保険者が違和感を持ち，保険者等への問い合わせによって発覚する。この請求が単に事務作業上のミスではなく，意図的な性質があると判明すれば，悪質な不正請求として扱われる。

(3) 振替請求

実際に行った診療内容に該当する点数ではなく，より高い診療内容の点数で算定することをいう。点数が段階的な性質のある項目について，付加サービス，付加条件をクリアしていることとして，意図的に点数が高くなるほうの点数で算定する。

第2章　レセプト・コンプライアンス

(4) 二重請求

　患者から自費診療で料金を徴収しているにも関わらず，保険診療も請求している場合，不正請求となる。たとえば，産婦人科などでは，正常分娩は自費になる事が基本であるが，保険請求を別に行うケースがみられる。美容形成も同様で，自費が多くある分野にみられる。このような特定分野を特徴とする不正である。

(5) その他の請求

　ア．医師数，看護師数等が医療法の標準数を満たしていないにもかかわらず，入院基本料を減額せずに請求した場合

　イ．入院患者数の平均が基準以上であるにもかかわらず，入院基本料を減額せずに請求した場合

　ウ．施設基準の要件を満たしていないにもかかわらず，虚偽の届出を行った場合

　エ．保険診療と認められないものを請求した場合（患者の依頼のない往診，健康診断，無診療投薬，自己診察等）

5.不正請求とその後

　不正請求事例をもとに，典型的な不正請求の流れをもとに考えてみたい。

　本事例データは不正請求があり，指定取消処分となった医療機関職員への質的調査によるデータをもとにまとめたものである。A医療機関は地域における内科無床診療所であり，開業してから約30年目に取り消しとなった。

①医療機関の不正

　不正の根拠となる法令の条項

35

健康保険法80条第1号，第2号，第3号及び第6号

②処分

　健康保険法に基づく処分

　保険医療機関の指定の取り消し

［事故内容］

　保険医療機関及び保険医療養担当規則違反

1　保険診療と認められないものを，保険診療を行ったものとして診療報酬を不正に請求していた。（その他の請求）

　ア　診察せず，院外処方箋を発行し診療報酬を不正に請求していた。（保険請求に加えて一部負担金も受領）

　イ　診察せず，無資格者が院外処方箋を発行し診療報酬を不正に請求していた。

　ウ　自己診療及び家族に行った診療を別の従業員に保険診療したものとして診療報酬を不正に請求していた。

　※いずれも基本診療料も含め該当する特掲診療の各点数，各加算が不正点数となる。診療録に不実記載あり

2　その他

　ア　算定要件を満たさない初・再診料の診療報酬を不当に請求していた患者からの聴取事項や診察所見の要点が診療録に記載されていないにもかかわらず，外来管理加算を請求していた。

　イ　慢性疾患等を明らかに同一の疾病又は負傷であると推察されるにもかかわらず，誤って初診料を不当に請求していた。

　以下の流れとなった。

①内部告発　　　職員が厚生局へ不正請求があることを通報。

②個別指導通知　厚生局より以下の内容の通知が来る。

第2章　レセプト・コンプライアンス

出頭日，指定された患者のカルテ，診療に関する諸記録（予約票，来院日誌，X線検査，処方箋，金銭出納帳など）持参するものが記載された通知であった。

③個別指導実施　この指導は一回とは限らず，中断，再開の繰り返しになることがある。

経営責任者と請求業務を熟知している職員が出席。

④監査通知　指導から監査に切り替わる通知が来る。中断していた指導を監査に切り替えられる。通知のなかに，監査の実施に係る監査対象となる患者名リストが同封される。監査の出頭日，持参すべく準備する書類等の説明文書より，必要な書類を用意する。監査の対象となる患者のカルテ，処方箋，金銭出納帳など指定される。厚生局より，職員名が指定される場合がある。指名された職員は出頭しなければならない。

⑤監査実施　指定された職員が出頭する。指定されたものを持参する。（事務員の出頭あり）

一度の監査で終わらない場合もある，数年にわたる場合がある。

個別指導と同様に，中断，再開の繰り返しとなることがある。

都道府県等の医師会や弁護士などが出席する。

⑥聴聞通知　結果通知として，予定される不利益処分の内容（結果）と聴聞会の日程が記載された通知が来る。不利益処分の原因となる事実について，違反内容について記載されている。

聴聞会は監査の結果に対する弁明の機会がある。

⑦聴聞会　出頭（聴聞会へ管理責任者が証拠書類等を持参する）

37

ただし，陳述書および証拠提出によって，出頭に代えることが出来る。

⑧返金額の計算　聴聞通知の不利益処分の原因となる事実の内容から，医療機関事務員は返金すべく金額を不正となった診療報酬から計算しなければならない。

厚生局からCDRが送られ，不正に関するデータが入力できるソフトがあり，ひとりひとりの対象患者の該当する内容を入力し，返済金額が計算される。

⑨処分通知　保険医療機関の指定取り消し日が記載された通知が届く。

⑩残務整理　指定取り消しが決まった後，指定取り消し日までは保険診療が可能。

この間に，入院患者や外来患者の他院への紹介，転院先の確保を行う。

⑪返金作業　不正請求による返金額を送金する。

⑫医療機関閉鎖　取り消し日には医療機関を閉鎖し，診療はできなくなるため，閉鎖の作業を行う。

6.事例からみたレセプト管理の問題点

　レセプトに関するコンプライアンスは，単純に言えば請求業務に関するルールを守ることが基本となる。しかし，問題なのは誰が責任をもってコンプライアンスを実行できるのかという点である。先に述べたように，経営者，医療者，算定者の3者の間ではレセプトの視点が異なり，価値観，期待感に相違がある。収益業務であるため，経営者に責任があると言えばその通りであるが，経営者は必ずしもレセプトに直接関わっていない。また，その知識を持っているとも限らない。経営者がレセプトの知識を深めることはもちろんのことであるが，事務職がその専門家

として，責任をある程度持たなければならない。経営者が知らずに，不正な誤った保険診療となりそうな場合，事務がアドバイスすべきであろう。今回の事例にあるように，事務員が算定に詳しい知識のある者として，出頭している。責任は，知識のある者に課せられることになるのが自然である。ゆえに，レセプトの知識を持つ事務員がレセプトの責任をとるルールはある程度必要ではないかと考えるべきである。より大きな責任を持つことで，コンプライアンスに関して院内での発言権が増大すること，3者の立場の相違があるなかで中立となる位置にある事務が，コンプライアンスの点から経営者をサポートできることになる。レセプトに関してはもちろんのことであるが，マネジメント，法的視点など様々な知識はより一層，高めなければならない事を付け加えておきたい。

［注］
(1) コーポレート・ガバナンス：企業全体で不正行為を監視し，企業を健全に運営するための仕組み。

［参考文献］
・芳賀繁（2012）『事故がなくならない理由 安全対策の落とし穴』PHP新書，PHP研究所
・山口宏（2014）『「知らなかったではすまされない」病院の法律知識ハンドブック』ぱる出版
・医道審議会医道分科会（2012）「医師及び歯科医師に対する行政処分の考え方について」医道審議会
・「平成30（2018）年度における保険医療機関等の指導・監査等の実施状況」
・厚生労働省ホームページ：保険診療における指導・監査
http://www.mhlw.go.jp/seisakunitsuite/bunya/kenkou_iryou/iryouhoken/shi-dou_kansa.html　令和2年1月取得

・「介護施設の指定取消が過去最多」不正請求・虚偽報告の実態
https://goronyi.com/fraud-false-report/（令和2年1月取得）

第3章
レセプト情報の活用

レセプトは第1章で詳しく解説された通り，診療報酬請求のための
データであって，医療費の分析のために古くから利用されてきた。
1970年ごろから普及し始めた医事会計システムでは，会計計算やレセ
プト作成のために診療データを入力するため，それまでの紙のレセプト
に代わって電子的なデータが得られるようになった。それらのデータは
医業収入の分析に用いられ，病院や診療所の経営に資する資料として活
用された。また，一部では医療の質の評価にも利用されたものの，レセ
プトは月単位の請求データであり，患者単位で外来診療や入院診療の全
体を見るには制約が強く，また，請求を目的に作成されたデータである
ため本格的な研究材料としてはなじまないとされてきた。しかしなが
ら，レセプト電算処理の普及や，DPC/PDPSの導入に伴って，全国一
律の統一された形式でデータが収集されるようになり，また，ほぼ
100%に近い悉皆性のあるデータベースとして発展したことにより，そ
のデータの利活用の可能性は大きく膨らんだ。

　本章では，その歴史を簡単に振り返った後，現状の研究動向を探ると
ともに，ビッグデータとして日々増加し続けているNDB（National
DataBase：レセプト情報・特定健診等情報データベース）や，それに
類する全国規模のデータベースの利活用について，事例を紹介しつつ概
説する。最後に，これらデータ分析における制約条件や問題点をまとめ
た上で，今後の課題について述べる。

3-1. レセプト研究の可能性

　本節のタイトルに対する答えは「大いにあり」であり，今後ますます
その重要性は増していくと考えられる。背景には，レセプトやそれに関
連するビッグデータがすでに存在すること，ビッグデータを解析する
ツールが数多く，しかも操作性の高いものが開発されていることなどが

第3章　レセプト情報の活用

挙げられる。しかしながら，レセプトデータという本質的な制約もあって，得られる結果に限界がみられることも事実である。

1. レセプト研究の歴史

　わが国の医学関連分野の文献情報を収集したオンラインデータベースである医中誌Webを用いてレセプト（診療報酬明細書）についての原著論文を調べてみた。5年ごとに集計した結果を表3-1に示す。傾向を見る目的でキーワードを「診療報酬明細書」または「NDB（レセプト情報・特定健診等情報データベース）」に限定したため，その他の関連する論文数は含まれておらず，件数が少なくなっている点にはご注意いただきたい。

　診療情報の電子保存が容認された1999年まではわずかであった論文数は，2000年以降増加を続けており，特に2015年以降の論文の約8割

【表3-1】レセプト研究の原著論文数の推移

年代	件数	特徴
～1999	29	いわゆる保険病名の分析や，コンピュータによるデータ分析の可能性などが論じられている。
2000～2004	69	医療費分析，医療および請求業務分析が主テーマである。
2005～2009	103	国保・健保等のDBを用いた分析やDPC分析が少しある。医療費や医療サービスの分析が多い。
2010～2014	110	NDBテーマが数件，大半は個別分析である。医療費だけでなく医療の質評価もテーマにあがってきた。
2015～2019	167	3割弱はNDB関連，4割はその他の大規模DB関連である。医療費分析よりは医療サービスの現状分析や質評価がテーマになっている。
2020～2022年まで	148	NDB関連，その他の大規模DB関連は，それぞれ約3割と5割である。テーマは薬剤等治療評価，医療費分析，疫学分析等多岐にわたる。

（出典）医中誌Webにより「診療報酬明細書」または「NDB（レセプト情報・特定健診等情報データベース）」をキーワードとして検索したデータを集計した。

43

がNDBやのその他の規模の大きいデータベースを用いた分析である。電子化の黎明期には大学や病院で個別に独自のデータベースを構築して分析していたものが，全国規模で統一形式によって収集蓄積されたデータは，同じ土俵で分析が可能となり研究が加速しているものと思われる。また，本節4.レセプトビッグデータの活用で述べるリアルワールドデータを扱った論文も2020年以降で7件ある。

2. レセプト研究の領域

文献検索のキーワードを広げ，学会発表等も含めて関連文献を調査した結果を踏まえて，レセプト関連の研究テーマを整理すると次のように分類できる。それぞれ具体例を示した。

（1）レセプト・健診データの分析
　①医療費の分析
　　・疾患別医療費の現状分析
　　・診療行為別医療費の年次推移
　　・医療費の地域差
　　・生活習慣病の医療費への影響
　　・診療報酬改定の影響評価
　②医療内容の傾向分析
　　・全国的な医療の実態を探る研究
　　・病院間，地域間の差異分析
　　・処方状況分析（薬剤別地域分布等）
　　・高齢者の疾患・治療の傾向分析
　　・疾患別患者数の動向
　③保健医療政策に関する分析
　　・医療提供体制の分析

第3章　レセプト情報の活用

　　・二次医療圏の設定に関する研究
　　・在宅医療の需要予測
　　・受療行動の分析
　　・医療費適正化のための分析
　　・特定健診・特定指導のあり方
　④医学・医療研究，医療の質評価への活用
　　・疾患発症の要因・リスク分析
　　・後向きコホート分析への活用
　　・治療薬投与の安全性評価
　　・治療法の地域的ばらつきの分析
　　・平均寿命の関連要因の解析
　⑤レセプトと他のデータ（健診・介護等）との関連分析
　　・医療・介護連携によるサービスの質評価
　　・高齢者の医療・介護サービス利用状況分析
　　・疾患別の薬剤使用の現状
　　・健診結果と医療費の関係

（2）診療報酬請求業務や医療保険制度関連の研究
　①診療報酬請求業務そのものの改善への活用
　　・査定状況の分析
　　・いわゆる保険病名の検討
　　・算定漏れを防ぐ方策
　②業務改善への活用
　　・クリニカルパスの分析と改善
　　・加算点からチーム医療の業務を分析
　　・原価計算への活用
　③データベース構築に関する研究

・NDB利用のためのツール開発

・名寄せ手法の改良

・疾病統計の手法

④医療制度や医療費の歴史的研究

・レセプト点数の時代遷移

・診療報酬計算手法の歴史的変遷

・新制度による影響分析（DPC，介護保険，助成制度など）

⑤人材育成に関する研究

・診療報酬系の講義や演習の工夫

・診療報酬請求，医師事務作業補助，医療秘書などの資格に関する
検討

⑥国際比較に関する研究

・医療制度の国際比較

・医療費の国際比較

3. レセプト研究の制約と課題

　上述のように多岐にわたる研究が行われているが，レセプトデータの分析については，元になるデータが診療報酬請求のためのものであり，いくつか注意すべき制約がある。レセプトは月単位の請求データであり，患者単位で外来診療や入院診療の全体を見るためには個人単位に集約しなければならない。診療報酬請求のため，あえて説明的に病名を付加することもみられる。電子カルテ化が進展し，実データに基づいて請求されるようになってきたため過去に大きな問題とされたようなことは少ないであろうが，オーダエントリシステムであって実績入力をしていない場合などは実際との乖離もある。NDBやDPCで集積されるデータについては事前のチェックがなされているものの，やはりそういった誤差を含むものとしてとらえるべきであろう。これだけ分析の重要性が言

第3章　レセプト情報の活用

われている今，データを作成し提出する側の精度向上への意識を高めることも重要である。

4. レセプトビックデータの活用

　前節でレセプト研究の可能性を述べたが，既に多くの研究がされ発表も増えている。特にビッグデータ化されたNDBについては，詳細データを用いるケースと集約・加工し公開されているNDBオープンデータを用いるケースに大別される。

　現状では詳細データを用いて研究するには申請して認可されなければならず，残念ながらそのハードルは高い。現在，東京大学と京都大学にオンサイトリサーチセンターが設けられており，許可は必要であるが，研究者が必要なデータを抽出・処理加工しやすい体制が構築されつつあり，アプローチしやすくなると期待されている。

　一方，NDBオープンデータは，制約条件はあるが，広く一般に利活用できるように集約・加工して公開されており，厚生労働省のホームページから誰でもダウンロード可能である。

　最近の動向として注目は，リアルワールドデータ（RWD：Real World Data）と称する研究手法である。ビッグデータには，NDBのように意図的・計画的に診療報酬請求データや特定健診データを定義して収集・蓄積するものあるが，一般の購買データのようにPOSレジから得えられた構造化されない巨大なデータを対象とするものもある。医療健康分野では，たとえば電子カルテの記述データのように日常的に蓄積されるデータを対象に，ここから何かを見出したいという研究が進められており，これがリアルワールドデータの世界である。研究用に個別に構造化したデータを収集するのにかかる膨大な労力や費用などが軽減されるため，得られるデータの質には注意が必要ではあるが，今後の展開に期待したい所である。

47

先に紹介したビッグデータとして注目されているNDBやDPC，その他のデータについて概説する。

（1）対象データ

① NDB（National DataBase of Health Insurance Claims and Specific Health Checkups of Japan：レセプト情報・特定健診等情報データベース）[1]

　診療報酬請求情報は，2006年に成立，2008年に施行された「高齢者の医療の確保に関する法律」により，医療費適正化計画の作成，実施および評価に資するために解析対象として用いられることとなった。2009年にはレセプト情報並びに特定健診・特定保健指導情報を収集したこのNDBの構築が開始され，2011年からは研究者に向けてNDBデータの第三者提供を行っている。

　レセプト情報は，傷病名，診療開始日，診療実日数，医療機関コード，初診・再診・時間外等，医学管理（医師の指導料等），投薬，注射，処置，手術，検査，画像診断，請求点数などである。同一人を特定する方策を講じた後は匿名化のために，患者の氏名，生年月日の日，保険医療機関の所在地及び名称，カルテ番号等，国民健康保険一部負担金減額・免除・徴収猶予証明書の証明書番号，被保険者証（手帳）等の記号・番号，公費受給者番号は削除される。

　特定健診等情報は，受診情報（実施日等），保険者番号，特定健診機関番号，受診者情報の一部（男女区分，郵便番号），健診結果・問診結果，保健指導レベル，支援形態，特定保健指導のポイント数などである。同一人を特定する方策を講じた後は匿名化のために，特定健診・保健指導機関の郵便番号・所在地・名称・電話番号，医師の氏名，被保険者証の記号・番号，受診者の氏名，受診券有効期限は削除される。

　NDB構築の概要を図3-1に示す。医療機関等から提出されたデータ

第3章 レセプト情報の活用

[図3-1] NDB構築の概要

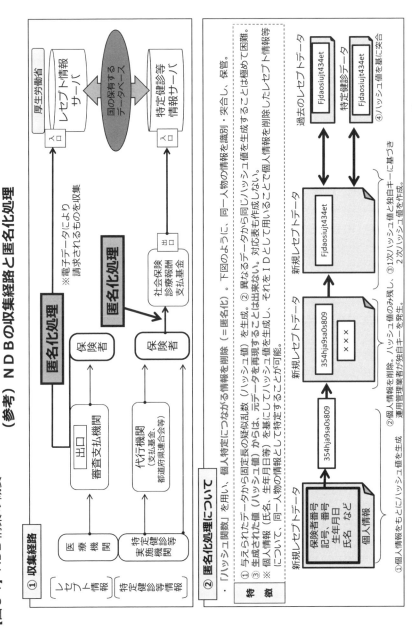

(出典) 厚生労働省 老健局・保険局「NDB, 介護DB等の役割と解析基盤について」(平成30年9月6日)[2]

は，匿名化処理を経て個人単位に編集され蓄積されている。

　利用者の範囲は，厚生労働省内の他部局，他課室・関係省庁・自治体，研究開発独法，大学，保険者中央団体，公益法人，国から研究費用を補助されている者等に限られており，利用申請時の審査基準としては，

・利用目的が，医療サービスの質の向上等を目指した施策の推進や，学術の発展に資する研究に資するものであるか
・利用するレセプト情報の範囲が利用目的に照らして必要最小限であるか，また，レセプト情報の性格に鑑みて情報の利用が合理的か
・研究計画の内容は，申出者の過去の研究実績や人的体制に照らして実行可能であるか
・適切な措置（レセプト情報等を複写した情報システムを外部ネットワークに接続しない，個人情報保護に関する方針の策定・公表，外部委託契約における安全管理条項の有無等）を講じているなど，セキュリティに配慮しているか
・学術論文等の形で研究成果が公表される予定か，施策の推進に適切に反映されるか

などとあり，また，データは厚生労働省から提供されるが，利用申請後実際にデータが提供されるまでには時間を要し，また，セキュリティ要件を満たした利用環境を構築することやデータベース構築のための専門知識も必要となるなどハードルが高い状況は続いている。
　具体的な利用方法については専用のサイトが開設されており，「利用を検討している方々へのマニュアル」[3]や，「レセプト情報・特定健診等情報の提供に関するガイドライン」[4]等に詳しく説明されているので参照されたい。対象となるデータに関する情報は，厚生労働省保険局の

50

第3章　レセプト情報の活用

【図3-2】レセプト情報・特定健診等情報データベースにおける請求ファイル構成イメージ

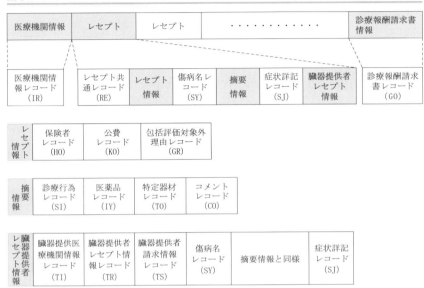

(出典)「オンライン又は光ディスク等による請求に係る記録条件仕様（医科用）」[6]

サイトで診療報酬情報提供サービス[5]に示されている。一例として請求ファイル構成イメージを図3-2に示す。利用申請をしてデータを得られたとしても，詳細な構成を知って利用することになる。初期段階での利用経験が動画として紹介されているので大変参考になる[7)8]。

NDBの特徴は以下の通りである。

・レセプト情報は，電子化されたもののみで，労災保険適用分など一部は除外されるものの，悉皆性の高い情報であり，毎年19億件規模で蓄積されている
・特定健診情報は全件が対象で，毎年2700万件規模で蓄積されている

51

・匿名化された個人IDで紐付けはできる
・月単位のデータであるため個人単位にエピソードを集約するのが煩雑である
・死亡個票などとの連結はできず，転帰までは追えない可能性が高い
・いわゆる保険病名問題（診療報酬請求のために説明的に付けられる病名の混在の可能性）は抱えたままである
・保険が変われば紐付け用の個人IDが変わるため記録が途切れる恐れがある
・データ量が膨大で処理の負担が大きい

②NDBオープンデータ[9]

　NDBオープンデータは，先に述べたNDB利用の制約を緩和して，個別の政策や研究目的とは別に，NDBデータを典型的かつ一般的な観点から集計したうえで，関心を持つ研究者等に広く情報提供公表することにしたものである。2016年10月に「第1回NDBオープンデータ」が公開された後，2021年の第6回まで公開され，執筆時点では第7回の公開に向けて希望を募っている段階である。段階的に公開されるデータは増えており，第1回から第6回までの項目の変化を表3-2にまとめた。注意すべきは，毎回公開されるデータで，レセプト情報と特定健診等情報の対象期間が異なっていることである。両者の関連を見るときに特に注意が必要である。

　NDBオープンデータの特徴は以下の通りである。

・全体像を把握するような利用に供するため，汎用性が高く，様々なニーズにある程度応え得る基礎的な集計表として公開されている
・公開情報は，利用者の要望を入れつつ，毎回拡張されている（これまでに6回）

［表3-2（その1）］ NDBオープンデータの内容（第1回から第3回までの概要）

	第1回	第2回	第3回
公表データ	①③④平成26年4月〜平成27年3月診療分 ⑥平成25年度実施分	①〜④平成27年4月〜平成28年3月診療分 ⑥〜⑦平成26年度実施分	①〜⑤平成28年4月〜平成29年度診療分 ⑥〜⑦平成27年度実施分
①医科診療報酬点数表項目	A（初・再診料、入院基本料、入院基本料等加算、特定入院料、短期滞在手術等基本料）、B（医学管理等）、C（在宅医療）、D（検査）、E（画像診断）、H（リハビリテーション）、I（精神科専門療法）、J（処置）、K（手術）、L（麻酔）、M（放射線治療）、N（病理診断）	A（初・再診料、入院基本料、入院基本料等加算、特定入院料、短期滞在手術等基本料）、B（医学管理等）、C（在宅医療）、D（検査）、E（画像診断）、F（投薬）、G（注射）、H（リハビリテーション）、I（精神科専門療法）、J（処置）、K（手術）、L（麻酔）、M（放射線治療）、N（病理診断）　処置医療機器等加算、手術医療機器等加算　※下線を付した項目には追加分が追加された	第二回に対し、新たに短期滞在手術等基本料および輸血料の集計結果を追加している。さらに「再診」「初診」「外来診療料」「未精血液一般（検査）」「水晶体再建（手術）」のクロス集計表（都道府県別／性・年齢別）を追加している。
②歯科診療報酬点数表項目		A（初・再診料）、B（医学管理等）、C（在宅医療）について「都道府県別」及び「性・年齢別」の集計結果を公表している。	「検査」「画像診断」「リハビリテーション」「投薬」「注射」「処置」「手術」「輸血料」「麻酔」「放射線治療」「歯冠修復及び欠損補綴」「歯科矯正」「病理診断」の集計結果を新たに追加している。
③歯科傷病	「う蝕」、「歯周病」、「喪失歯」	「う蝕」、「歯周病」、「喪失歯」	「う蝕」、「歯周病」、「喪失歯」の集計結果を「都道府県別」「性・年齢別」に公表している。
④薬剤データ	「内服」、「外用」、「注射」それぞれにつき、「外来院内」、「外来院外」、「入院」ごとに、薬価収載の基準単位に基づき、薬効別に処方数の上位30位を紹介	「内服」、「外用」、「注射」それぞれにつき、「外来院内」、「外来院外」、「入院」ごとに、薬価収載の基準単位に基づき、薬効分類別に処方数の上位100位を紹介	内服、外用、注射の集計表について公表している。新たに薬剤の単位の情報を追加しており、さらに年齢階級は90歳から100歳まで拡大して公表している。また、注射の集計表については、最小集計単位を1,000未満から400未満に変更している。

	第4回	第5回	第6回
⑤特定保険医療材料			各特定保険医療材料の数量について、「性・年齢別」及び「性・都道府県別」の集計を行っている。
⑥特定健診集計結果	「BMI」、「腹囲」、「空腹時血糖」、「HbA1c」、「収縮期血圧」、「拡張期血圧」、「中性脂肪」、「HDLコレステロール」、「LDLコレステロール」、「GOT（AST）」、「GPT（γ-GTP）」、「ヘモグロビン」、「眼底検査」	「BMI」、「腹囲」、「空腹時血糖」、「HbA1c」、「収縮期血圧」、「拡張期血圧」、「中性脂肪」、「HDLコレステロール」、「LDLコレステロール」、「AST」、「ALT」、「γ-GT」、「貧血検査」、「眼底検査」	新たに「尿蛋白」、「尿糖」の集計結果を追加している。
⑦特定健診質問票項目「標準的な質問票1~22」		「標準的な質問票1~22」の回答件数を「都道府県別/性・年齢別」のクロス集計表として公表している。	第二回と同じ
集計表とグラフ	上記①③④⑥に対し、一部例外を除き、集計表とグラフを作成し公表。集計表では「都道府県別」および「性・年齢階級別」の集計を行う。グラフでは「都道府県別」の記載を行う。	①~⑥に対し、一部例外を除き集計表とグラフを作成し公表。また一部項目は「都道府県別」および「性・年齢別」の集計を、⑤~⑥の集計表では「都道府県別」の集計を、⑥の集計表では「都道府県別」のクロス集計表を行う。グラフでは「都道府県別」の記載を行う。	さらに「初診」、「再診」、「外来診療料」、「末梢血液一般（検査）」、「水晶体再建（手術）」の5種類のクロス集計表（都道府県別/性・年齢別）も追加している。

注：①~⑦の附番は、各回で公表されているデータ番号とは異なっている
（出典）公開データをもとに筆者が表にまとめた

【表3-2（その2）】NDBオープンデータの内容（第4回から第6回までの概要）

	第4回	第5回	第6回
公表データ	①~⑤平成29年4月~平成30年度診療分 ⑥~⑦平成28年度実施分	①~⑤平成30年4月~平成31年3月診療分 ⑥~⑦平成29年度実施分	①~⑤平成31年4月~令和2年3月診療分 ⑥~⑦平成30年度実施分

第3章　レセプト情報の活用

①医科診療報酬点数表項目	第三回に対し、医科診療行為の一部の項目について「二次医療圏別」の集計結果も公表している。	第四回に対し、医科診療行為の一部の項目について「都道府県別」及び「性・年齢別」の集計結果を公表している。また、基本診療料の全てについて「二次医療圏別」の集計結果を公表している。	第五回に対し、医科診療行為の全ての項目について「二次医療圏別」の集計結果を公表している。また、診療月の集計結果を全ての項目に対して追加している。また、一部の診療行為に対する「都道府県別」及び「性・年齢別」及び「オンライン診療料」のクロス集計を追加している。
②歯科診療報酬点数表項目	第三回と同じ	第四回と同じ	第五回に対し、「二次医療圏別」の集計を追加している。
③歯科傷病	第三回と同じ	第四回と同じ	第五回と同じ
④薬剤データ	第三回と同じ	第四回に加え新たに「医科・歯科別」を集計している。さらに、「内服」「外来院外」ごとの薬効分類3桁ごとの処方数の上位10位を、歯科では「歯科用薬剤」の外来院内、外来院外、入院ごとに薬効分類3桁ごとの処方数量の上位10品目を紹介している。	第五回に対し、「内服」「外用」「注射」別に「都道府県別」及び「性・年齢別」に集計し薬効分類3桁ごとの処方数量の上位100品目を公表している。
⑤特定保険医療材料	第三回と同じ	第四回と同じ	第五回と同じ
⑥特定健診集計結果	「ヘモグロビン」、「眼底検査」について、これまで集計対象としてきた「健診結果・問診結果情報レコード」に加え、「詳細情報レコード」を集計対象に含めた集計結果を追加している。	第四回と同じ	新たに「随時血糖」「血清クレアチニン」「eGFR」「心電図」を追加。全般に「二次医療圏別/性・年齢別」のクロス集計を追加している。「ヘモグロビン」「眼底検査」を追加している。「空腹時血糖」「血清クレアチニン」「血清クレアチニン」「心電図」の集計を追加している。
⑦特定健診質問票項目「標準的な質問票問1〜22」	第三回と同じ	第四回と同じ	第五回に対し、新たに「二次医療圏別/性・年齢別」のクロス集計を追加している。
集計表とグラフ	各項に示す通り	各項に示す通り	各項に示す通り

注：①〜⑦の附番は、各回で公表されているデータ番号とは異なっている
（出典）公開データをもとに筆者が表にまとめた

・誰でもデータをダウンロードして利用できる

・集約されたデータである

・個人単位の分析はできない

③DPCデータ

　DPCデータについては、「日本再興戦略」2016の中で、2017年度より、DPCデータの一元管理及び利活用を可能とするデータベースのシステム運用を開始し、2017年度より厚生労働省が保有するDPCデータについては、「DPCデータの提供に関するガイドライン」[12)~13)] に基づき、公益性の高い学術研究に対して「集計表情報」の提供を行うとされた。

　DPCデータは「DPC導入の影響評価に係る調査」実施説明資料に基づき収集される退院患者調査であり、表3-3のような様式で構成される。

【表3-3】DPCデータの構成

様式	内容	説明
様式1	入院診療に関する簡易退院時要約情報	カルテのサマリーのような情報
様式3	施設情報	届出されている入院基本料等に関する情報
様式4	医科保険診療以外の診療情報	保険以外診療（公費，先進医療等）の実施状況に関する情報
Hファイル	診療録からの日ごとの患者情報	重症度，医療・看護必要度の評価対象患者について作成
入院EF統合ファイル	医科点数表に基づく入院の出来高点数情報	入院の出来高レセプトの情報
Dファイル	包括レセプト情報	DPCレセプトの情報
外来EF統合ファイル	医科点数表に基づく外来の出来高点数情報	外来の出来高レセプトの情報
Kファイル	共通IDに関する情報	入院EF統合ファイル対象症例について作成

（出典）厚生労働省「DPC導入の影響評価に係る調査」実施説明資料より編集[11)]

56

第3章　レセプト情報の活用

退院患者調査の調査結果として，データを提出する約5,100以上の病院について医療機関毎に平均在院日数等の診療に関するデータを厚生労働省ホームページ上で公開しており，データは，二次利用可能かつ機械判読性に適した形（xls）でダウンロード可能である。

公開データは以下の通りである。

対象医療機関：本調査に参加する全ての医療機関（2019年度は5,143病院）

対象期間　　：毎年4月から翌年3月の1年間のデータ（2006年から）

公表形式　　：個々の医療機関別に公表項目を集計

公表項目　　：在院日数の状況，救急車による搬送の有無，紹介の有無，入院経路，退院経路，退院時転帰，再入院の状況，診断群分類別在院日数，化学療法のレジメン分析，診断群分類別の手術の実施状況，診断群分類別の処置の実施状況

④国保データベース（KDB）[13]

公益社団法人国民健康保険中央会が提供するデータベースで，国保連合会が保有する健診・医療・介護の各種データを利活用して，統計情報や個人の健康に関するデータを作成・提供している（図3-3参照）。

⑤介護保険総合データベース（介護DB）[14]

介護保険総合データベースは，「地域包括ケアシステムの強化のための介護保険法等の一部を改正する法律」（平成29年5月26日成立）により収集目的が規定され，市町村等によるデータ提出等を義務化し，介護給付費明細書（介護レセプト）等の電子化情報を厚生労働省が管理する

57

[図3-3] 国保データベースの全体像

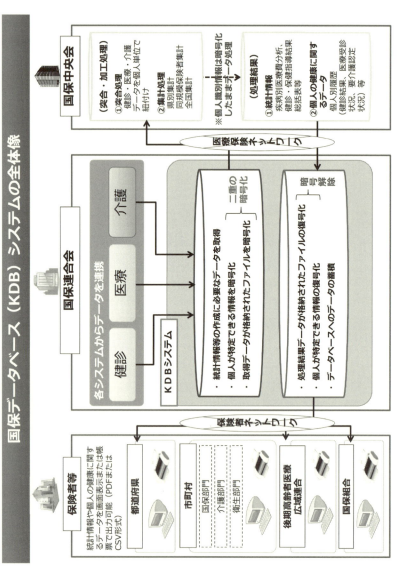

(出典) 国民健康保険中央会ホームページ13)

サーバー内に格納（平成25年度より運用開始）したデータベースである。その目的は，介護保険事業計画等の作成・実施等及び国民の健康の保持増進及びその有する能力の維持向上に資するためとされている。特に，介護・医療関連情報を広く共有することへの期待が大きい。

表3-4に対象項目の概要を示す。

【表3-4】介護保険総合データベースの内容

	介護レセプト	要介護認定データ
データ件数	平成31年3月までに10.9億件	平成31年3月までに6.1千万件
データ項目	性別，生年月，要介護状態区分，認定有効期間，保険分給付率，サービスの種類，単位数，日数，回数など	要介護認定一次判定 基本調査74項目，主治医意見書から短期記憶，認知能力，伝達能力，食事行為，認知症高齢者の日常生活自立度の項目，要介護認定基準時間，一次判定結果
		要介護認定二次判定 認定有効期間，二次判定結果

（出典）内閣府「介護保険総合データベースについて」[14]より

格納されているデータの構築方法を図3-4に示す。

【図3-4】介護データベースの概要（収集の方法）

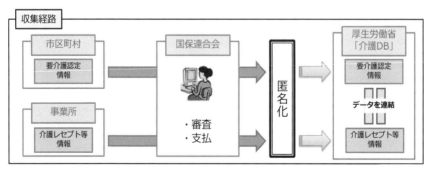

（出典）医療・介護データ等の解析基盤に関する有識者会議（第3回）資料

【図3-5】NDB，介護保険総合データベース，KDBの比較

	レセプト情報・特定健診等情報データベース (NDB)	介護保険総合データベース	国民健康保険データベース (KDB)
保有主体	国（厚生労働大臣）	国（厚生労働大臣）	保険者（国保連合会）
機能	国・都道府県が、主体的に医療費適正化計画に資する分析をしながら、施策立案に活かす。	国が、主体的に介護保険の運営状況を地域別や事業所別等に分析しながら、政策立案に活かす。	利用する市町村・後期高齢者医療広域連合は、個人の保健・医療・介護に関する情報を閲覧できるようになり、保健指導等に活用する。市町村等が、保健事業を効果的に実施できるように支援する。
保有情報	・医療保険レセプトデータ ・特定健診・特定保健指導データ ※匿名化処理	・介護保険レセプトデータ ・要介護認定データ ・日常生活圏域ニーズ調査データ ※匿名化処理	・医療保険レセプトデータ ・特定健診・特定保健指導データ ・介護保険レセプトデータ ・要介護認定データ ※国保と後期高齢のみ
利用者	○国・都道府県、医療保険者等、研究者等	○国 　介護保険事業の適正な運営等に資するように活用する。 ○都道府県・市町村 　要介護認定情報の集計結果を閲覧できる。	○市町村・後期高齢者医療広域連合 　個別の保健指導や保健事業の適正な運営に活用する。 ○国保連合会 　統計情報の作成、保険者への提供

（出典）NDB，介護保険総合データベース，KDBの比較（平成29年版厚生労働白書—社会保障と経済成長—）
https://www.mhlw.go.jp/wp/hakusyo/kousei/17/backdata/01-03-03-05.html

　参考までに，厚生労働白書に示された，NDB，介護保険総合データベース，KDBの比較資料を図3-5に掲げる。

（2）対象データベース間の関連付け

　NDBはレセプト情報と特定健診等情報のデータベースであるが，当初から個人を関連付ける際の困難を伴ってきた。国民一人一人を識別するためのマイナンバー制度はできたものの，その利用には制限が強くて，保健医療福祉分野の共通IDとしては今のところ使うに至らず，それぞれのデータベースで採用されているID情報を使って個人を紐づける，いわゆる名寄せに頼らざるをえない。カナ氏名を使おうとしたらデータベースによって全角と半角の違いで同じと判断できなかったことなどが知られている。多くの国レベルでのビッグデータが集積される中

第3章　レセプト情報の活用

で，基本的な課題である。

　また，対象期間がレセプトと特定健診にはずれがあることにも注意が必要である。

　ただし，平成30年9月6日厚生労働省老健局・保険局が示した「NDB，介護DB等の役割と解析基盤について（第1回　医療・介護データ等の解析基盤に関する有識者会議資料2-2（一部改変））にあるように，介護・医療関連情報をいろいろな角度から分析して「見える化」を進める方向で準備が進められており（図3-6）今後はこうしたビッグデータをさらに統合した情報活用も求められるであろう。データベース構築に当たっては，他のデータベースとの連結が禁止されていることが多く，国民的合意の下でさらなる活用の基盤構築が求められる。

（3）分析環境の構築（NDBオンサイトリサーチセンター）

　これまでに説明してきた国レベルのビッグデータでは，その利用環境を個人や一機関で構築することは困難であり，現在構築中のNDBオンサイトリサーチセンターを紹介する。

　NDBオンサイトリサーチセンターとは，厚生労働省がNDBに関する技術的課題の解決と，そのための情報共有，第三者利用の推進を目指して設置された施設であり，厚生労働省以外に，東京大学と京都大学の2か所で試行的に運用されている。利用申請手続きは必要であるが，先に述べた様々なハードルを少しでも低くするべく，データの利用環境が整備されている。許可された利用者は，オンサイトリサーチセンターで決められたデータにアクセスするが，分析ログは厚生労働省がすべて記録し，利用者には集計情報データのみが渡される，という運用になっている[15]〜[17]。これらのオンサイトリサーチセンターの状況については，医療情報学連合大会でここ数年は毎年，一般開放に向けて環境が整いつつあることが報告されている[18]〜[20]。

61

[図3-6] 介護・医療関連情報の「見える化」の推進

(出典)厚生労働省 老健局・保険局「NDB、介護DB等の役割と解析基盤について」(平成30年9月6日)2)

第3章　レセプト情報の活用

　当初は，技術的にも運用面でも様々な問題を抱えていたが，研究者は
かならずしもデータサイエンスの専門家ではないという前提に立って改
善が図られている。結婚や転職・退職などのため患者のIDが途中で切
れてしまうといった問題も抱えつつ，ある程度は患者単位，疾患単位な
どで集約されるようになり，そのための前処理工程の負担が減り分析が
しやすくなっている。

　整備されているのは，データベース，処理基盤としてのソフトウェア
であり，その機能・性能は強化されつつあって，研究者のストレスはか
なり軽減されているようである。

　図3-7はオンサイトリサーチセンターでのデータ提供の概要を示して
いる。

　この他にも，研究をサポートする情報源のサイトも開設されており，
情報収集に役立つかもしれない。一例として，保健医療福祉介護関係の
情報源を集約したサイトがある[21]。「4省の生命科学系データベースの
統合を目指して」と題した，文部科学省，厚生労働省，農林水産省，経
済産業省による，生命科学系データベース統合のための合同ポータルサ
イトである。サイトの運営は国立研究開発法人科学技術振興機構，国立
研究開発法人医薬基盤・健康・栄養研究所，国立研究開発法人農業・食
品産業技術総合研究機構　高度解析センター，国立研究開発法人産業技
術総合研究所が共同で行い，サイトの管理は国立研究開発法人科学技術
振興機構が行っている。

（4）分析手法・分析ツール

　ビッグデータが国規模で収集・構築される一方，蓄積されたデータの
分析手法についても，幅広い分野で進展してきた。当初は，伝統的な統
計手法を用いた分析が主であったが，構造化されていないデータも対象
となり，データ量も数千万から数十億規模となったため，いわゆるデー

63

[図3-7] オンサイトリサーチセンターでのデータ提供

オンサイトリサーチセンターでのデータ提供

平成27年4月オンサイトリサーチセンターが開設され、平成27年12月より東京大学にて、平成28年2月より京都大学にてそれぞれ試行利用が開始されている。

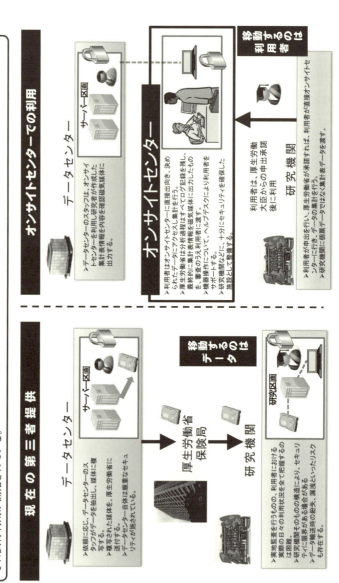

(出典) 厚生労働省 老健局・保険局「NDB、介護DB等の役割と解析基盤について」(平成30年9月6日)[2]

タマイニングのための新たな手法が開発されている。AI手法なども加わり，大量のデータから意味のある研究成果に結びつけられるか期待が膨らんでいる。

　医療関連データにおいても，当初は，たとえばExcel（Microsoft）のような表集計ソフトやSPSS Statistics（IBM）のような統計解析パッケージソフトなどを用い，対象データに詳しくかつデータ処理技術に長けたスタッフが分析してみることが多く，現在もその流れは続いている。一方で，最近では無料で提供されるR（R Development Core Team）やPython（Pythonソフトウェア財団）などのプログラミング言語や，有料のものが多いが後述するBI（Business Intelligence）ツールも使われるようになっており，分析のためのソフトウェア環境は格段に良くなっている。そのため，データ処理の技術そのものよりは，処理対象のデータを適切に取り扱い，その処理結果を正しく解釈できる力を持った人材が求められるようになってきた。

　BIツールとは，次のような機能を備えたデータ処理の統合環境を提供するものである。

・データの収集・蓄積・統合
・データの集計・分析
・データの可視化　ダッシュボード　レポート出力機能
・ドラッグアンドドロップのような直感的な操作性

　データ収集では，ノンプログラミングあるいはSQLによるもの，集計・分析では入門的なガイドやテンプレートの装備や問題を次々に詳細に深堀するドリルダウン，データマイニング機能など，データの可視化ではグラフ化はもちろん，パラメータの変更のみでダイナミックに状況を見せたりリアルタイムに変化を見せるなどの工夫がなされている。

65

具体的な例を挙げると，有料のものとして，Tableau（Tableau Software），Oracle BI（Oracle），Power BI（Microsoft：Desktop版は無料），Actionista!（ジャストシステム），MotionBoard（WingArc1st）など，無料のものとして，Google Data Portal（Google）などがある。

　このようなBIツールを使うメリットは，

・大量のデータが扱えること
・Excelや統計ソフトのように，分析目的に応じて都度設定を変えたりプログラミングを修正する必要があるのに対して，BIツールでは様々な角度で処理を進める仕組みがあるため，比較的簡単な設定変更だけで試行錯誤的にデータを見ることができること
・情報をリアルタイムに更新・表示できること

などが挙げられる。使いこなすにはやはりそれなりの知識や訓練は必要ではあるが，いったん環境を構築した後のデータの利活用の難易度は大きく下がるであろう。利用者は技術的課題にとらわれることなく，データの分析やその解釈・評価に集中できることになる。

　また，このようなツール等を医療データに適用して一般に無料で提供しているサイトも多くみられるようになってきている。いくつか事例を紹介する。

①Tableau Public（石川ベンジャミン光一による公開データ）[22]

　石川ベンジャミン光一氏が，タブローソフトウェア社が提供するBIツールであるTableau Public環境下において，DPCデータやNDBデータを様々な切り口で可視化しているものである。パラメータを指定することでさらに細かくデータを見ることができ，研究テーマを探るのに適している。たとえば，愛知県名古屋医療圏における4疾患（がん，心筋

第3章　レセプト情報の活用

[図3-8] Tableau Publicによる画面例（地域を指定して4疾患の症例数順に表示した）

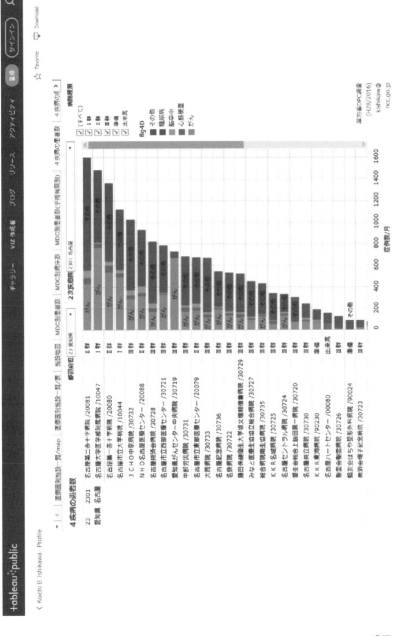

（出典）石川ベンジャミン光による公開データ[22]より

梗塞，脳卒中，糖尿病）の取扱い症例数のランキングなどがすぐに表示される（図3-8）。

②株式会社ケアレビューが運営するサイト[23)24)]

　病院情報局：DPC全国統計の集計結果を，パラメータを指定することで可視化できるものである。疾患や地域などを絞り込んで概要を知るのに適している。また，各医療機関は自院の立ち位置が確認できる。

　医療介護情報局：厚生労働省（地方厚生局）や都道府県が公表している詳細な医療機関や介護施設の公的情報（オープンデータ）を集約した業務用データベースである。

③地域医療情報システム（日本医師会）[25)]

　各都道府県医師会，郡市区医師会や会員が，自地域の将来の医療や介護の提供体制について検討を行う際の参考，ツールとして活用することを目的として構築されている。地域別，施設別の種々のデータが提供されている。

　その他にも，大学あるいは大学院の講義資料なども多数公開されており，次節の活用事例とともに，研究の糸口として大変有用と思われる。

3-2. 活用事例（学会発表の動向）

　第3章の冒頭で紹介したように，医中誌Webの調査では，レセプトデータの分析をテーマとする研究発表数は年々増加し続けている。ここでは，情報システムの利活用という観点から，直近の日本医療情報学会やその他の学会における研究内容について事例を挙げて紹介することにする。この領域の研究を進めるうえで参考にしていただけると思う。

第3章　レセプト情報の活用

（1）日本医療情報学会秋季学術大会（2019年11月）から

　NDB関連では，シンポジウム「NDBオンサイトリサーチセンターの利用動向：今後の一般開放に向けて」において現状報告があった[26]。特に，使用経験者による「初学者による京都大学NDBオンサイトリサーチセンターの使用経験」と「NDBデータ解析の感想」は参考になった。

　一般演題では，NDBとDPCデータを使用して「放射線画像検査の利用実態における地域差分析」[27]と題してCTおよびMRIの検査実績の地域差分析を行ったもの，DPC/PDPSデータを使用して「脳卒中の医療提供体制における患者受療分析—DPCデータからみるt-PA静注療法の地域格差の状況」[28]と題して脳卒中の受療状況を把握したものなどがあった。

　また，複数のデータベースを用いた研究もみられ，「レセプト情報・特定健診等情報データベース（NDB）を用いた死亡アウトカムの追跡」[29]では，課題となっているNDBのアウトカム指標の一つである転帰データについて，国保データベースの転帰データと突き合わせることで検証する試みが，「国保データベースを用いた医療レセプトと介護レセプト連結における名寄せの課題」[30]では名寄せの問題を検証する試みが発表された。

　このように，様々な角度から分析する試みが数多くなされている状況が分かっていただけると思う。

　なお，医療情報学連合大会ではその後もNDBを用いた研究発表が続いているが，3-1の概説で紹介したように，リアルワールドデータとして電子カルテの記載データも対象として，より臨床的な分析を進める方向で議論が進んでいる。

69

（2）その他の学会等

　多くの学会でレセプトデータを活用した研究発表がなされている。全国あるいは地域別の医療動向を可視化してその差異分析を行うことや，疫学的な研究の試み，薬剤の投与状況の分析，医療経営や医療の質評価への活用など，研究テーマも幅広く行われている。ここでは，レセプトデータが研究にどのように活用できるか，その可能性を把握していただくためにいくつか事例を紹介する。すべての文献を把握しているわけでもなく，事例としてピックアップするのも筆者の興味対象に偏っていると思われるので，あくまで参考にみていただきたい。

　日本医療・病院管理学会誌には，「福岡県後期高齢者医療制度における集中治療受療率の地域差よりみた集約医療圏設定の課題」[31]と題し，レセプトデータを用いて医療圏別の集中治療機関の受療率に差があることを示し，その改善への提言を行っている。

　日本公衆衛生雑誌には，「レセプト情報・特定健診等情報データベースを活用した都道府県の平均寿命に関連する要因の解析　地域相関研究」[32]と題し，都道府県別の特定健康診査項目および都道府県別生命表に記載のある平均寿命を使用して，都道府県間の平均寿命の格差に影響する危険因子を健診項目の中から推測している。

　また，オープンデータの公表項目に薬剤が含まれることから，「日本における直接経口抗凝固薬（DOAC）の2014年度処方状況　日本のレセプト情報・特定健診等情報データベース（NDB）オープンデータを用いた疫学調査」[33]といった薬剤関連の研究テーマも多くみられる。

　医療だけでなく介護との連携もこれからの重要な課題であり，社会保険旬報には，「医療・介護のビッグデータ分析　医療・介護レセプト連結データを用いた高齢肺炎患者の医療介護サービス利用状況の分析」[34]，「医療・介護のビッグデータ分析　在宅医療・介護連携の質の評価のための研究」[35]などで「医療・介護のビッグデータ分析　訪問診療

の種類別にみた利用者の特性分析」[36) など，同じ著者グループがいろいろな角度から多くの分析結果を順次発表している。

（3）活用事例から見える課題

　レセプト研究の根本課題は，第一に診療報酬請求のためのデータであること，したがって，月ごと，医療機関ごと，レセプト種類ごとに作成されるデータの個人単位での統合が必要なこと，第二に現在のところは個人を特定する唯一の個人IDが付与されていないこと，第三に蓄積されるデータ量は年々増加の一途をたどり，全データを対象にするのは困難なことなどである。ただ，この制約を十分に理解したうえで注意深く処理・分析・解釈すれば，大きな成果が得られることは間違いない。研究事例をできるだけ多く紹介したのもそのためである。これまでに述べたことであるがもう一度整理しておきたい。

　NDBに関しては，

・個人単位での各種データの相互関連を含めて分析できるが，データ利用には申請承認を経てかつ分析もその結果の取り扱いも諸条件を満たさなければならないこと
・NDBの利用には申請が必要であるが，今後オンサイトリサーチセンターが整備され一般に使えるようになれば，データの前処理や抽出，その後の分析において現在の制約が緩和されるであろうこと
・オープンデータでは個人単位の関連分析はできずとも，全国や地域での傾向分析には十分活用できので，全体的傾向分析をしたうえでさらに詳細をNDBで深堀するというアプローチが考えられること
・オープンデータについては，公開のたびに利用者の声が反映され改善が進んでいるので，第5回以降はさらに利活用の幅が広がることが期待できること

71

などである。

　診療報酬請求のためのデータではあるが，クリニカルクエスチョンの立て方次第では医学的研究テーマでも成果は上がりそうである。国民の財産ともいうべき医療のビッグデータであるので，利用者を含む関係者が協力して育て上げていきたいものである。

[参考文献および参考URL]
1）厚生労働省「レセプト情報・特定健診等情報の提供に関するホームページ」
　　https://www.mhlw.go.jp/stf/seisakunitsuite/bunya/kenkou_iryou/iryouhoken/reseputo/index.html（2022年1月10日所得）
2）厚生労働省老健局・保険局「NDB，介護DB等の役割と解析基盤について」（2022年1月10日所得）
　　https://www.mhlw.go.jp/content/12401000/000350567.pdf（2022年1月10日所得）
3）厚生労働省「利用を検討している方々へのマニュアル」
　　https://www.mhlw.go.jp/file/06-Seisakujouhou-12400000-Hokenkyo-ku/0000117728.pdf（2022年1月10日所得）
4）厚生労働省「レセプト情報・特定健診等情報の提供に関するガイドライン」
　　https://www.mhlw.go.jp/stf/shingi2/0000135204.html（2022年1月10日所得）
5）厚生労働省「診療報酬情報提供サービス」
　　https://shinryohoshu.mhlw.go.jp/shinryohoshu/kaitei/（2022年1月10日所得）
6）厚生労働省「オンライン又は光ディスク等による請求に係る記録条件仕様（医科用）」
　　https://shinryohoshu.mhlw.go.jp/shinryohoshu/file/spec/30bt1_1_kiroku.pdf（2022年1月10日所得）
7）高田充隆（近畿大学薬学部教授）「特別抽出でのデータ使用経験から」YouTube MHLWchannel
　　https://www.youtube.com/watch?v=TmOuqCS8X9s&index=3&list=PLMG33RKISnWjiXXj6lpX7t5FbsPcjeD1b（2022年1月10日所得）
8）飯原なおみ（徳島文理大学香川薬学部教授）「サンプリングデータセットの使用経験から—使って知った，サンプリングデータセットの利点」YouTube

第3章　レセプト情報の活用

https://www.youtube.com/watch?v=y8o2IETdGQY&index=4&list=PLMG33R
KISnWjiXXj6lpX7t5FbsPcjeD1b（2022年1月10日所得）

9）厚生労働省「NDBオープンデータ」
https://www.mhlw.go.jp/stf/seisakunitsuite/bunya/0000177182.html（2022年1
月10日所得）

10）厚生労働省「匿名診療等関連情報の提供に関するホームページ」
https://www.mhlw.go.jp/stf/seisakunitsuite/bunya/kenkou_iryou/iryouhoken/
dpc/index.html（2022年1月10日所得）

11）「DPC導入の影響評価に係る調査」実施説明資料2023年度
https://www.mhlw.go.jp/content/12404000/001083749.pdf（2024年7月31日
所得）

12）厚生労働省「「DPCデータの提供に関するガイドライン」改正について」
https://www.mhlw.go.jp/content/12400000/000641054.pdf（2022年1月10日
所得）

13）国民健康保険中央会「国保データベース（KDB）システム」
https://www.kokuho.or.jp/hoken/kdb.html（2022年1月10日所得）

14）内閣府「介護保険総合データベースについて」
https://www8.cao.go.jp/kisei-kaikaku/suishin/meeting/wg/
iryou/20181210/181210iryo01-4.pdf（2022年1月10日所得）

15）厚生労働省保険局（2019）「レセプト情報等オンサイトリサーチセンター
（厚生労働省）の今後の方針について」
https://www.mhlw.go.jp/content/12401000/000484283.pdf（2022年1月10日
所得）

16）厚生労働省「オンサイトリサーチセンターにおけるレセプト情報・特定健診
等情報の利用に関するガイドラインについて」
https://www.mhlw.go.jp/stf/shingi2/0000135204_00001.html（2022年1月10
日所得）

17）厚生労働省保険局（2018）「レセプト情報等オンサイトリサーチセンターの
現況について」
https://www.mhlw.go.jp/file/05-Shingikai-12401000-Hokenkyoku-Soumu-
ka/0000211811.pdf（2022年1月10日所得）

18）梅澤耕学（厚生労働省保険局）（2019.11）「NDBオンサイトリサーチセン
ターの利用動向：今後の一般開放に向けて　オンサイトをはじめとする

73

NDBデータ利活用活性化の今後の見通しについて（会議録）」医療情報学連合大会論文集（1347-8508）39回，p.212

19）松居宏樹（東京大学大学院医学系研究科）（2019.11）「NDBオンサイトリサーチセンターの利用動向：今後の一般開放に向けて　NDBオンサイト（東京）における標準データマートとその限界（会議録）」医療情報学連合大会論文集（1347-8508）39回，p.212

20）大寺祥佑（京都大学医学部附属病院）・加藤源太・森由希子・黒田知宏（2019.11）「NDBオンサイトリサーチセンターの利用動向：今後の一般開放に向けて　レセプト情報等オンサイトリサーチセンター（京都）の現状と今後の展望（会議録）」医療情報学連合大会論文集（1347-8508）39回，p.213

21）文部科学省・厚生労働省・農林水産省・経済産業省による，生命科学系データベース統合のための合同ポータルサイト
https://integbio.jp/ja/
https://integbio.jp/dbcatalog/record/nbdc01635（2022年1月10日所得）

22）Tableau Public（石川ベンジャミン光一による公開データ）
https://public.tableau.com/profile/kbishikawa#!/（2022年1月10日所得）

23）病院情報局（株式会社ケアレビュー）
https://hospia.jp/（2022年1月10日所得）

24）医療介護情報局（株式会社ケアレビュー）
http://caremap.jp/（2022年1月10日所得）

25）地域医療情報システム（日本医師会）
http://jmap.jp/（2022年1月10日所得）

26）加藤源太（2019.11）「シンポジウム『NDBオンサイトリサーチセンターの利用動向：今後の一般開放に向けて』」医療情報学連合大会論文集（1347-8508）39回

27）石川智基・満武巨裕・佐藤淳平・合田和生・喜連川優（2019.11）「放射線画像検査の利用実態における地域差分析」医療情報学連合大会論文集（1347-8508）39回

28）佐藤菊枝・小林大介・菅野亜紀・山下暁士・大山慎太郎・白鳥義宗（2019.11）「脳卒中の医療提供体制における患者受療分析—DPCデータからみるt-PA静注療法の地域格差の状況」医療情報学連合大会論文集（1347-8508）39回

29）久保慎一郎・野田龍也・西岡祐一・明神大也・中西康裕・降簱志おり・東野恒之・今村知明（2019.11）「レセプト情報・特定健診等情報データベース

（NDB）を用いた死亡アウトカムの追跡」医療情報学連合大会論文集（1347-8508）39回

30) 明神大也・次橋幸男・久保慎一郎・西岡祐一・中西康裕・降旗志おり・東野恒之・野田龍也・今村知明（2019.11）「国保データベースを用いた医療レセプトと介護レセプト連結における名寄せの課題」医療情報学連合大会論文集（1347-8508）39回

31) 吉田真一郎・馬場園明・姜鵬・藤田貴子（2019）「福岡県後期高齢者医療制度における集中治療受療率の地域差よりみた集約医療圏設定の課題」日本医療・病院管理学会誌Vol.56，No.4

32) 井上英耶・鈴木智之・小嶋美穂子・井下英二・李鍾贊・田中佐智子・藤吉朗・早川岳人・三浦克之（2019.07）「レセプト情報・特定健診等情報データベースを活用した都道府県の平均寿命に関連する要因の解析　地域相関研究」日本公衆衛生雑誌（0546-1766）66巻7号，pp.370-377

33) 田中博之・持田有希子・石井敏浩（2017.11）「日本における直接経口抗凝固薬（DOAC）の2014年度処方状況　日本のレセプト情報・特定健診等情報データベース（NDB）オープンデータを用いた疫学調査」心臓（0586-4488）49巻11号，pp.1135-1141

34) 松田晋哉・藤本賢治・藤野善久（2019.09）「医療・介護のビッグデータ分析　医療・介護レセプト連結データを用いた高齢肺炎患者の医療介護サービス利用状況の分析」社会保険旬報（1343-5728）2759号，pp.14-21

35) 松田晋哉・藤本賢治・藤野善久（2019.03）「医療・介護のビッグデータ分析　在宅医療・介護連携の質の評価のための研究」社会保険旬報（1343-5728）2742号，pp.18-21

36) 松田晋哉・藤本賢治・大谷誠・藤野善久（2018.06）「医療・介護のビッグデータ分析　訪問診療の種類別にみた利用者の特性分析」社会保険旬報（1343-5728）2714号，pp.26-30

第4章
リアルワールドデータとしてのレセプト情報の価値

4-1.はじめに

　昨今，IoT（Internet of Things）の発展によって，ビッグデータの蓄積が急速に進むようになった。このビッグデータは人間が処理することが困難な規模であり，このため人工知能の活用も進んでいる。

　すなわち実社会（リアルワールド）においては，IoT→ビッグデータ→AIの順でデータが生成・蓄積・活用されることになり，ビッグデータを挟んでIoTとAIがつながることから"AIoT"という造語が用いられることもある。

　これらの用語は，文脈によって様々な意味で用いられているが，わが国においては2010年代の後半には情報通信白書など公の刊行物を通じてある程度の概念整理が行われた。

①IoT（Internet of Things）：モノのインターネット
　「様々な「モノ」がセンサーと無線通信を介してインターネットの一部を構成すること（平成27年度情報通信白書）」
②ビッグデータ
　「事業に役立つ知見を導出するための大容量・データ（平成24年度情報通信白書の表現を筆者が要約）」
③AI（Artificial intelligence）
　「知的な機械，特に，知的なコンピュータプログラムを作る科学と技術（平成28年度情報通信白書）」
　　　　　　　　　　　　　　⇩
　「人間の思考プロセスと同じような形で動作するプログラム，あるいは人間が知的と感じる情報処理・技術（令和元年度情報通信白書）」

　とくにAIについては，何をもって「知的」というかの議論が続いて

おり，よって概念整理もしばらく流動的な状態が続くであろう。

　その知的活動の一つに自然言語処理があり，自然言語で問われた問いに，自然言語で回答できる情報処理技術は，2023年度現在では比較的「知的」なものと見なされることが多い。

　2020年代に入って急速に発達した生成系AIは「一般に，人間の入力する問いなどに応じて，高度に複雑なテキストおよび画像・イメージ，音声など多様なデータを自律的に出力するように見えるアプリケーション一般と指す（電子情報通信学会　会長声明　いわゆる「生成系AI」について　2023.6.6）」と言われているが，このように人の知的活動をアプリケーション層で説明する試みが急速に進んでいる。

　このような技術革新を背景とすれば，レセプトデータをAIで蓄積・活用することは，もはや必然である。

4-2.リアルワールドデータとしてのレセプトデータ

　リアルワールドデータ（RWD：Real World Data）という言葉が頻繁に用いられるようになったのは比較的近年であるが，1990年代にもRWDの活用に関する文献があるので，決して新しい言葉とはいえない。しかし，2010年代後半に入ってRWDが着目されるようになった背景としては，研究手法としての有用性が高まったこと，そして症例レジストリが増え過ぎて登録業務が過大となったことなどが挙げられる。

　これまで医療分野の研究においては，専門家の意見，症例報告，ケースコントロール研究，コホート研究，ランダム化比較試験（RCT：Randomized Controlled Trial），RCTなどのシステマティックレビューの順に，より高いエビデンスとして扱われてきた。このピラミッドを尊重しながらも，研究計画の立案時に想定していなかったような知見を得られる可能性や，データ収集の容易性などの観点から，医療機関が臨床

業務やその付随業務を通じて病院情報システムに蓄積したデータを活用し，質の高い研究に繋げる手法にも期待が寄せられるようになった。もちろんRCTと全く同一の研究は行えないし，「希少疾患など患者数の少ない疾患での評価は解析対象となる患者数とデータが限られてしまい，正確な評価に必要な患者数が確保できなかったり，多因子での層別解析が困難になったりすることなどの限界」や，「HbA1cのように臨床で多用される測定値が疾患の主要なエンドポイントになる場合は多くのデータが得られやすいが，画像や病変部の大きさ，スコア評価，医師評価による全般改善度などが疾患の主要なエンドポイントになる疾患では，データを欠損する症例が多くなったり，施設ごとの評価基準のばらつきがあったりすることなどが問題となる可能性」[1]も指摘されている。

　他方，症例レジストリとは，「特定の疾患あるいは特定の手技や手術への暴露など，臨床条件の合致する集団について，体系的に情報を収集する情報基盤」[2]を指す。これも実際の臨床，すなわち「リアルワールド」に基づくデータであることは言うまでもないが，二次利用を目的に意図的に収集したデータであるから，RWDとは言い切れない面もある。医療情報の利活用には，その患者に診療やケアを提供するための一次利用と，その患者を超えて品質管理，経営改善，教育・研究あるいは公衆衛生などに活かす二次利用がある。この「二次利用」を字面通りに読めば「一次利用があった医療情報を，他の目的で二次利用する」という意味になろうが，実務においては，症例レジストリに登録することを目的に，必ずしも一次利用の必要がない情報を付加的に収集するような運用が行われがちである。これは現場にとっては業務負荷が増大することになるが，二次利用の結果に引き寄せられて情報バイアスが発生することも大きな課題といえる。

　その例として「重症度，医療・看護必要度（以下，看護必要度）」が挙げられる。看護必要度には，主にADLを示すB項目が設けられてい

るが，その評価の手引きには「当該動作が制限されていない場合には，動作を促し，観察した結果を評価すること。動作の確認をしなかった場合には，通常，介助が必要な状態であっても『できる』又は『介助なし』とする」旨が定められていた。看護必要度は入院基本料の届出区分に影響する重要な指標であるから，たとえADLに大きな変化がないため臨床的には記録を必要としない場面であっても，「二次利用のための一次利用」という逆転現象が発生しがちであった。看護必要度の評価項目はしばしば見直され，現在では主に医療行為を示すA項目やC項目はレセプトデータを用いる方向に軌道修正されている。

　レセプトデータは，処方歴や検査結果のような医療行為そのものの記録ではないが，これらの医療行為が行われた結果として生じた処方"料"や検査"料"が蓄積されたものである。厳密にいえば自然科学的データというよりは，算定行為という人の行動を記録した社会科学的データと呼ぶべきかもしれない。もちろん算定行為を行う段階で一定の情報バイアスがかかる可能性は否めないが，それでも「二次利用のための一次利用」ではなく，あくまで診療行為を完結させるために算定行為を行っている以上，それは一次利用であり，よってRWDに他ならない。

4-3. RWDとしてのレセプトデータ活用方法

　わが国の保険医療機関は基本的に社会保険診療報酬支払基金及び国民健康保険団体連合会を通じてレセプトを提出するので，わが国のレセプトデータは両団体に集約されることになる。また，高齢者医療確保法に基づいて実施された特定健康診査の結果についても，同様に両団体に集約されることになる。国は，これらのデータを匿名化し「レセプト情報・特定健診情報等データベースシステム（NDB：National Database）」として運用している。

NDBは，国にとっては医療費適正化計画の作成などの政策推進（高齢者医療確保法第16条）や，これに関係する学術研究などに用いられている。よって医療現場が気軽に利用できるツールとはいえないが，その一部は「NDBオープンデータ」として広く公開されている。たとえば薬価の総額を通じて使用頻度の高い薬剤などを把握するなど，ベンチマークに用いる一つの素材としては十分に利用価値があるといえるだろう。

他方，レセプトデータを適法に匿名加工したデータベースは，民間事業者から提供を受けることも可能である。公的なデータベースを利用できる人は行政や公的研究費の補助を受ける研究者などある程度限定されるが，民間のデータベースは利用料を支払えば誰でも利用できるので，柔軟な利用が期待される。実際，わが国でも民間のデータベースを用いてレセプトデータの機械学習を行い，心電図検査の実施を推奨するモデルを構築するような研究成果が報告されている[3]。こうした検査勧奨は，疾病を早期発見し患者の生命予後を改善するという質的な側面でももちろん重要だが，同時に医療機関の増収につながる側面もあるので，今後積極的に実装されるユースケースといえるだろう。

もっとも民間のデータベースは有償であるから，その費用の捻出が難しい場合も想定される。その場合は，まずは自院のレセプトデータを分析することから始めることになる。筆者の所属機関でも，まずはクロス集計などの基本的な集計からRWDの活用を始めている。たとえば「オンライン診療を望む患者の男女差はあまり強くないが，不眠を訴える患者は圧倒的に女性が多い」などの施設特性を客観的に知ることができるし[4]，こうした施設特性と現場での実感と重ね合わせることは，医療の質向上であれ，経営改善であれ，その施設の中での課題解決に有意義である。

82

4-4. レセプトデータ活用の課題

　このようにRWDの活用場面は幅広く，データ収集の負荷が少ないことからも，レセプトデータの活用には大きなポテンシャルがあるといえよう。もちろん発展途上の存在である以上，将来的に解決すべき課題もあるので概観しておきたい。

　まず，レセプトデータは前述の通り「算定という行為を表したデータ」であって，純粋に自然科学的なデータではない。よって網羅性は高いものの，万全ではないことに留意が必要である。たとえば院内で行われているチーム医療の諸活動のうち，リハビリテーションや栄養管理などは個別の医療行為が算定される訳ではなく，きわめて包括的な評価にとどまっている。よって処方や検査のような粒度でのレセプトデータが存在しないので，これらの活動を過小評価（問題がある場合は過大評価）してしまう可能性を否定できない。ただし，レセプトデータで把握できない現象を定量化するには多大な負荷が伴うことは，先述の看護必要度（DPCの影響評価に係る調査データの一つとなった）で見た通りである。データの網羅性や信頼性とデータ入力負荷はトレード・オフの関係にあるので，ここはバランス感覚を働かせて「適度なデータの質と量」を維持せざるを得ない。

　また，レセプトデータのもととなる算定行為の質によって，データそのものの信頼性にばらつきが生じることにも留意が必要である。たとえばDPCの影響評価に関する調査の結果からは，急性虫垂炎で手術を受けた患者の「膿瘍の有無」に相当な差異が見られている。この「膿瘍あり」の割合が，人口が同規模の地域においてA市では20〜40％，B市では0〜20％，C市では20〜60％のように著しく異なることは自然現象としては考えにくく，これは算定行為のばらつきが現れたものと考えざるを得ないだろう。ただ，こうした算定行為のばらつきは，RWDの有

83

用性を否定する理由にはならない。仮に症例レジストリで情報を収集したところで，登録するのがその施設の職員である以上，登録行為のばらつきを減らすことには自ずと限界がある。よって無理のない二次利用を通じて，一次利用されるレセプトデータの質を徐々に高めていくことが，データに基づく改善活動を行う上では現実解といえる。このようにRWDを用いた改善活動を牽引することも，レセプト管理士の大きな役割である。

［参考文献］
1）鈴木將之他（2019）「製薬企業でのリアルワールドデータ活用の取り組み」Therapeutic Research 40（4），pp.307-321
2）隈丸拓他（2016）「医療機器の市販後成績調査と症例レジストリの連携に向けたガイドライン案」日内会誌105，pp.2183-2193
3）松崎達哉・木村雄弘（2021）「特定健康診査における心房細動・粗動検出のための心電図検査実施推奨モデルの構築」医療情報学41（3），pp.107-128
4）塚田美乃里（2023）「都心型診療所の遠隔医療に関するレセプト分析」第4回日本レセプト学会国際学術集会発表資料

第5章
医療サービスマネジメント

マクロ環境において，ロンドンビジネススクールのリンダ・グラットン教授が提唱する人生100年時代が到来する。そのような環境の中，グローバルな視点において，医療経営をめぐる課題は山積みであり，将来を見通すことも難しい状況にある。

グローバルレベルで，円滑な医療マネジメントを推し進めるために押さえるべきイシューをサービスマネジメントの観点から考察する。

5-1.患者満足

患者は診察前に想定していた期待より，受けた診断・治療の結果が上回った場合に満足する。患者の期待レベルには望ましい水準の期待（desired service）と受け入れられる下限水準の期待（adequate service）がある。その間に許容の範囲（zone of tolerance）が存在する。患者の受けた診断・治療が望ましい水準を超えると患者は満足し，一方下限水準を下回れば不満を抱く。許容範囲に入る医療サービスには，満足も不満も感じない。ただし，同じ患者であっても，許容の範囲は状況によって変わる。

たとえば，ある医療サービスを初めて利用する場合には，どんな医療行為になるか不明なため，望ましい水準の期待は低く，許容範囲は狭くなる。しかし，二度目の場合は，望ましい水準の期待が高まり，許容の範囲も広がる傾向にあるので，患者を満足させるハードルが高くなる。

1.患者の満足度と患者ロイヤルティの相関

患者の満足度を高めてロイヤルティの高い患者を増やすことは，医療機関においては重要なイシューである。ロイヤルティの高い患者とは，特定の病院の医療サービスを好んで選択し，継続的に通院するなど，その医療機関の医療サービスを支持してくれる患者のことである。多くの

医療サービスにおいて，患者満足度と患者ロイヤルティの関係はホッケースティックのかたちになると考えられる。

患者ロイヤルティの状況を把握するための患者満足度調査は5段階で問うことが多いが，レベル1（不満）から2（やや不満）や3（普通）に改善しても，ロイヤルティにはあまり影響がないと考えられる。一方で5（満足）の評価をつける患者はロイヤルティが非常に高い。

つまり，評価が4（やや満足）以下であれば，何らかのマイナス評価要因を持っており，いつほかの医療機関医療サービスに乗り換えるかわからない，つまりリスクが高い状態にあると考えられる。

2. 患者のロイヤルティが医療サービス経営に与える影響

ロイヤルティの高い患者は，病院等の医療機関の医療サービスの特徴をよく理解して継続的に通院する場合にはマーケティングコストを抑えることができる。また，同病院内の他の医療サービスを積極的に利用する，有益かつ効果的なフィードバックをしてくれる等，病院にもたらすバリューは計り知れない。

さらに，同病院医療サービスの良さをSNSも含めクチコミ等でプロモーションしてくれるので，広告宣伝等のマーケティング費用や新患の獲得コストの低減も見込める。したがって，病院医療サービスにおいては患者を新規患者と既存患者に分けたうえで，患者数の増減だけでなく，リピート率，離反率，通院継続期間等を指標にして，既存患者の動向をしっかり分析・把握しなくてはならない。

それは，他の医療機関医療サービスに乗り換えやすい患者を囲い込むための不毛な消耗戦を避け，ロイヤルティの高い患者を増やすことに注力するためである。なお，病院医療サービス体験の満足度が低かった患者が及ぼす悪影響も，理解しておく必要がある。満足度が低かった患者が当病院の医療サービスから離反するだけではなく，その不満や，場合

によっては怒りがSNSも含めクチコミ等で拡散することにより当病院医療サービスのイメージが悪化し，ブランドにも傷がつき，他の患者の離反や新規患者獲得の減少につながるリスクも考えられる。

3. 患者等の期待値のコントロール

　患者の期待を形成する要因には，病院等の医療機関自体のコントロールが容易なものと，そうでないものがある。コントロール可能なものは，医療サービスの価格，広告，宣伝，施設，病院の立地等の要素である。患者は事前にこれらについて情報を入手し，他の病院の医療サービスと比較検討する場合もある。したがって患者に，事前にどのような期待を持ってもらいたいかを考え，各要素を設計することが鍵となる。

　リピート利用の場合には，患者自身の過去の受診経験が期待の形成に大きく影響する。患者に常に満足してもらう必要はあるが，過剰なサービスで期待水準を高めすぎると，次回以降の利用で満足度が下がるリスクが生じる。長期的な視点で病院の現場が患者の満足を維持できるよう，一定のコントロールを行う必要があると考える。

4. 医療サービス・プロフィット・チェーン

　サービス・プロフィット・チェーンは，ハーバード・ビジネススクール教授のジェームズ・ヘスケットらが米国のサービス企業を詳細に分析し，様々な経営指標の間の因果関係を明らかにしてモデル化したものである。特に従業員満足度と顧客満足度に注目し，それらが好循環を描くメカニズムを設計すれば，企業利益・企業価値の最大化につながると考える。

　サービス企業のパフォーマンス向上に必要な経営の視点を，科学的に提供してくれる概念である。ヘスケットらは，サービス・プロフィット・チェーンのベースとなる因果関係として，次の7つを挙げている。

【図5-1】ホッケースティック・ロイヤルティ

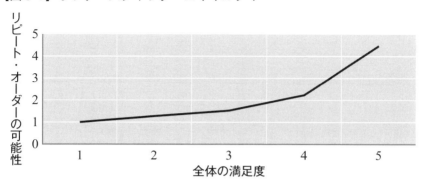

(出典) アルブレヒト他著 (2003)

①サービス企業の社内サービスの質が,従業員満足に影響を与える
②高い従業員満足が,高い従業員ロイヤルティを生む
③高い従業員ロイヤルティが,従業員の生産性を高める
④高い生産性が,サービスの価値を高める
⑤高いサービス価値が,高い顧客満足を生む
⑥高い顧客満足が,顧客ロイヤルティを高める
⑦高い顧客ロイヤルティが,企業の業績向上(成長や高い利益率)につながる

　このように因果の順序(流れ)が明確になることで,経営者は自社が提供するサービスの経営状況を俯瞰して,自社の業績を向上させるためにどこから着手すればよいか,現状の問題を解決するためにはどこをテコ入れすべきか,といったことを理解しやすくなった。実際に,サウスウエスト航空やザ・リッツ・カールトン,スターバックスといった,優れたサービスを提供して成長した企業では,サービス・プロフィット・チェーンが実によく機能している。このサービス・プロフィット・

【図5-2】サービス・プロフィット・チェーンの流れ

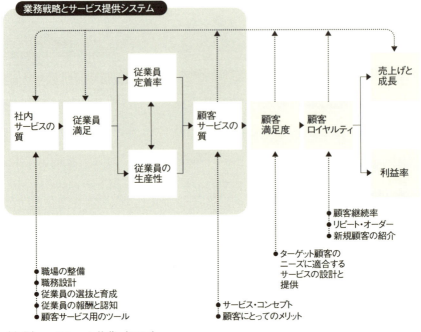

(出典) ヘスケット他著 (2006)

チェーンの考え方は，無論病院等にも取り入れられ，その有効性も報告されている。医療サービスの場合は以下となる。

①院内サービスの質が，医師・看護師・事務員等の従事者の満足に影響を与える
②高い医療機関従事者満足が，高い従事者ロイヤルティを生む
③高い医療機関従事者ロイヤルティが，従事者の生産性を高める
④高い生産性が，サービスの価値を高める
⑤高いサービス価値が，高い患者満足を生む
⑥高い患者満足が，患者ロイヤルティを高める

⑦高い患者ロイヤルティが，医療機関の業績向上（成長や高い利益率）につながる

5.医療サービスのサティスファクション・ミラー（鏡面効果）

　医療サービスにおいて，患者満足と強い相関があると言われているのが医療機関従事者（医師，看護師，事務員等）満足である。従事者が提供するサービスによって患者が満足し，従事者に感謝を伝えると，その従事者は自分の仕事に誇りと愛着を持つようになることでモチベーションが高まり，さらに良いサービスを患者のために創意工夫するようになる。

　そして，より高品質な医療サービスを受けた患者はさらに満足し，ロイヤルティを高めてリピーターになり，それがさらに従事者の満足度を向上させていく。このように患者満足と従事者満足が相互に影響を与え合う，好循環の関係にあることを，サティスファクション・ミラー（鏡面効果）と言う。

6.理念浸透とトップのコミットメント

　医療サービスにおいて，エンパワーメント（現場への権限・裁量移譲）を医療従事者満足度の向上につなげ，個々人の実力を最大限に発揮させるには，ミッション・ステートメント（病院理念や行動指針）の浸透が不可欠である。なぜなら，エンパワーメントされた医療従事者が現場で，自分の裁量で判断するためには，そのよりどころとなる判断の軸が医療機関組織全体で統一されている必要があるためである。ただし，その判断軸をルールや規則のみでしばると，現場で状況に合わせて工夫する余地がなくなり，場合によっては，提供する医療サービスが患者の求めるものとズレが生じ，結果として患者満足度の低下につながりかねない。

判断軸のもとになるべきは医療従事者個人の価値観であり，個人個人がそれに従って自律的に判断し，行動する。その状態にするためには，医療従事者が病院の理念を自分の価値観に組み込んで体現すること，言い換えれば個々人の価値観と病院理念が同期，つまりシンクロしていることが重要であり，それが高い患者満足度の実現につながるのである。

7.医療従事者満足度向上の施策

患者満足度を高める鍵が医療従事者満足度にあるため，病院は患者だけでなく，医療従事者にもきちんと目を向ける必要がある。医療従事者のニーズに焦点を当てて満足度を向上させる経営アプローチを，インターナル・マーケティングという。なお，患者向けのマーケティングはエクスターナル・マーケティングである。

医療従事者の満足度が向上すれば，クチコミなどでさらに優れた医療従事者を呼び込む効果も期待できる。医療従事者の満足度を高めるうえでは，エンパワーメントに加え，人事システム，つまり採用・育成・配置（業務付与）・評価・報酬のそれぞれにおいて工夫が必要である。医療従事者が自分の力を最大限に発揮できる組織をつくり，医療従事者満足度の高い病院等の医療機関では，以下のような工夫がよく見られる。

①採用：学歴や技能，専門知識，経験だけでなく，価値観や性格を重視する。
②育成：スキルを強化する教育・研修だけでなく，医療機関として目指すべき崇高な理念を明示し，その浸透に向けて十分な時間と手間をかけた教育・研修を行う。また，個々人のスキルレベルを可視化する工夫を取り入れ，スキルアップを動機づける。
③配置（業務付与）：マニュアルやルールによってサービス品質を担保しつつ，業務付与においてはルーティンワークを超えた活躍を医療従

第5章　医療サービスマネジメント

事者に促す。現場から入った医療従事者が，その後の活躍や適性次第
で管理職や経営職へと昇進する機会を与える。

④評価：定量的な結果指標による評価だけでなく，そのサービスの目的
（理念）にかなう行動を評価・称賛する。また，アンケート等によっ
て定期的に患者の評価を受ける仕組みをつくり，医療機関組織内では
上司からの評価だけでなく，同僚や他部門の医療従事者も含めた360
度評価による多面的評価を行う。これにより自分自身の行動や態度等
の客観的な理解を促すことが期待できる。

⑤報酬：金銭的報酬のみならず，非金銭的報酬（周囲の仲間からの感
謝・称賛，ワークライフバランス，自己成長・能力開発の機会付与，
労働環境の整備等）も含めたトータル・リワードという考え方で報い
る。

8. 医療サービスのグローバル展開の障壁

　海外への医療サービスの展開においては，多くの参入障壁が存在す
る。その一つが現地の法規制や許認可である。金融や情報通信，メディ
ア，運輸等と同様，医療サービス業の参入は，法律によって厳しく規制
されていることが多い。医療サービスの参入が雇用創出につながること
よりも，国内のサービス業への脅威と捉えられ，業界秩序や商慣習が損
なわれることが危惧されているためである。さらに，現地における人的
ネットワークが構築できていないことも，障壁の一つになっている。そ
のため現地の情報，たとえば好立地の物件情報や当局の意向等にアクセ
スできず，不利な条件での戦いを強いられることになる。

　医療サービス業のグローバル展開においては，その国や地域ごとに歴
史的・文化的背景を色濃く反映した医療サービスになっている点を心に
とめておく必要がある。それゆえ，現地事情にくわしい適切なパート
ナーを早期に見つけることが，非常に重要になる。長い時間をかけて

93

じっくりと現地のパートナー選びを行い，最終的に理念・価値観を共有できる相手と提携して事業を進める。文化や価値観，言語の違いによる参入障壁を乗り越えるためには，徹底した理念教育や人材育成が鍵となると考える。

9.医療サービスの労働投入量の低減

　同じアウトプット（成果）を生み出すのに必要なインプット，つまり労働投入を減らすには，サービス提供に伴う無駄な作業プロセスを省くことが考えられる。そのために作業を可視化して効率的なプロセスを設計し，現場での浸透を図っていく。さらにプロセスは常に継続的に改善を繰り返していくことが肝要である。

　また，労働投入量を減らすには，手間がかかったり，難易度が高かったりする作業を機械やロボット，ICT（情報通信技術）で代替するのが一般的であるが，もし可能な場面では，セルフサービスのように患者に協働してもらう策も考えられる。医療従事者のモチベーションや習熟度合いを高めて作業効率を上げることが可能となれば，労働投入量減少につながることも考えられるので，そのための研修や評価報酬制度等の仕組みは，生産性向上の観点からも必要と思われる。

　さらに分業化を進め，一人の医療従事者が取り組む業務範囲を狭めることによって，習熟しやすくすることもできる。なお，機械やロボット，ICTで代替するにせよ，分業化によって医療従事者の習熟を図るにせよ，標準的な作業プロセスが見えていることが大前提であり，可視化と標準化が労働投入量を減らしていくうえでは必要なステップとなる。

10.患者満足・医療従事者満足と生産性との両立

　生産性の向上は医療サービス経営の重要な課題であるが，患者満足や医療従事者満足に悪影響が出ないように注意したい。分業化や標準化を

第5章　医療サービスマネジメント

進めすぎると，単純作業の繰り返しとなって医療従事者満足度が低下することもあれば，無駄と判断して省力化した作業プロセスが，患者にとっては満足を生み出す源泉であったりすることもある。

　患者満足，医療従事者満足と高い生産性との両立は理想論ではなく，一般的に優れたサービス企業の多くでは実践されている。作業の標準化や，機械・ロボット，ICTによる代替，医療従事者のスキル向上といった努力の多くは，医療サービス品質を安定化させるのに寄与する。優れた医療サービス品質が患者満足につながるのはもちろん，医療サービス提供に携わる医療従事者の満足にもつながっている。

11.医療機関のアライアンス

　アライアンスとは，複数の医療サービス期間が互いに経済的なメリットを享受するために，緩やかな協力体制を構築すること。一つの医療サービスに統合する必要があるM&Aに比べて，時間・資金をそれほど要することなく進めることができ，思惑が外れた場合の解消も容易にできる点で異なる。ただし，緩やかな結びつきであるために，アライアンスを構築した後のコントロールは各医療機関に委ねられ，シナジー（相乗効果）が当初想定したほど発揮されない場合もある。

　医療機関にとって，「ヒト・モノ・カネ」の資源は有限であり，経営者は，限られた資源を有効に使って医療機関の企業価値を最大化することを求められている。有限資産である「ヒト・モノ・カネ」を有効に使うために，異なった競争優位性を持った強者同士が組む戦略的提携（strategic alliance）はお互いの独自性を維持しながら技術面，生産面，販売面などで補完することができるために成功する確率が高くなる。

　以前は，IT・電機・通信・金融など競争が激しい業界を中心として，アライアンスが活発であったが，株式交換などが活発になるにつれて，多くの業界においてアライアンスが展開されている。

95

12.医療機関のアライアンスにおける課題

　アライアンスはうまく活用すれば，医療の経営資源の有効活用につながるが，いくつかの落とし穴も存在する。まず意識すべきことは，情報やノウハウの流出防止である。これには二つの意味がある。ライバルの医療機関に盗まれないようにするということと，医療機関内でそうしたノウハウをしっかり伝承することである。前者は守秘義務契約の徹底などで防げるが，後者の場合は制度的なことよりも文化的な問題が大きい。特に暗黙知的なノウハウの伝承の難易度が高い。

　もう一つの課題は，取引コストや労力の増大である。たとえば病院等の医療機関の文化や守秘義務に対する意識で温度差のある医療機関とアライアンスを組もうとすると，予想以上に現場が混乱・消耗し，当初想定した効果を得られないことが多い。技術提携そのものは医療機関の経営判断だが，実際に技術のすり合わせややり取りが行われるのは現場であるという点は意識すべき重要なポイントである。

13.医療技術提携

　技術提携は広義にはライセンシングも含むこともあるが，外部技術の購入・活用だけでは提携とは考えず，相手の医療機関との研究開発，医療サービスオペレーションに関する協業や，密なコミュニケーションを伴う場合を指すことが一般的である。オープンイノベーションも技術提携の一形態と考えられる。

　オープンイノベーションとは，ハーバード・ビジネススクールにいたヘンリー・チェスブロウ博士によって2003年に提唱された概念であり「企業の内部と外部のアイデアを有機的に結合させて価値を創造すること」と定義されている。

　オープンの概念の一つは技術やアイデア獲得の「入口」にかかわるものである。医療機関等が新技術や新サービスを開発するにあたって，内

【図5-3】技術提携のタイプ

構　造

		階層	フラット
参加者	オープン	**イノベーション・モール** 企業が特定の問題を公表し，不特定多数が問題解決に当たる 例：インセンティブ・ドットコムのサイトでの相談	**イノベーション・コミュニティ** 不特定多数が問題を提起したり，採用する解を選べるネットワーク 例：リナックスのコミュニティ
	クローズ	**エリート・サークル** 特定企業が選択したメンバーで当該の企業の問題を解決する	**コンソーシアム** 参加者が共同で，問題を選定したり，解決策を選択したりする閉鎖的なグループ 例：半導体技術を共同開発するIBMとパートナー企業群

（出典）ピサノ他著（2009）

外を問わず各所から技術やアイデアを結集してイノベーションを促進していく。産官学連携プロジェクトや大企業とベンチャー企業による共同研究，関係機関との共同研究等が例として挙げられる。

　参考までに2008年に武田薬品工業が傘下に治めたアメリカのミレニアム・ファーマシューティカルズ社は，もともとバイエルなどの大手製薬メーカーと技術提携を行い，ノウハウや人材を提供することで製品開発を加速した。

14.医療機関のグローバルネットワーク構築

　医療機関においても，特にICT関連などネットワーク効果を効かせるためには，多くの国で利用されるプラットフォームの構築が重要となる。ここでのプラットフォームとは，患者，医療機関，医療関係者，そして情報が集まる場であり，付加価値を生み出していくための基盤である。

　グーグル，アマゾン，フェイスブックに代表されるウェブサイト企業は，このプラットフォームによって新しい事業の生態系を生み出している。多くの国で利用されるためには，プラットフォームを利用する患

者，医療機関，医療関係者が，自由に，安価で，便利に利用できることが必要条件となる。その構築は先行投資を伴うが，魅力的な場として国境を越えて利用されるようになると，加速度的に規模が拡大することが考えられる。

15.医療機関におけるバウンダリー・スパナー

グローバルに病院を代表とする医療機関同士のネットワークにおけるコミュニケーションのあり方は，効率的な医療サービスの運営において重要な鍵を握っている。

グローバルにマトリクスの縦と横，あるいは斜めに調整すべき相手の医療機関が存在することで，迅速かつ適切な意思決定が阻害されることもある。

そこで，積極的に他の医療機関等の人脈にリーチし，個人的なネットワークを活用して効果的なコミュニケーション，意思決定をサポートする人材の重要性が高まっている。

異なる組織や文化の間の境界をつなぐ人材を，組織行動の領域ではバウンダリー・スパナー（Boundary Spanner）と言う。つまり自身の組織に軸足を置きながらも，他の組織や領域にネットワークを拡大し，業務の効率的遂行を担う人材である。

個人が自らの意思で非公式に活躍するケースもあれば，組織としてそのような役割を定義し，公式なポジションや仕組みとして取り入れることも可能である。

業務提携などにおいての医療機関同士をつなぐ一翼を担うのがバウンダリー・スパナーである。グローバルレベルでの提携は，今や医療業界においても戦略上欠かせない施策となっている。その意味でも，グローバルレベルで医療機関におけるリーダー人材に，バウンダリー・スパナーとしての能力が要求される。

【図5-4】バウンダリー・スパナー

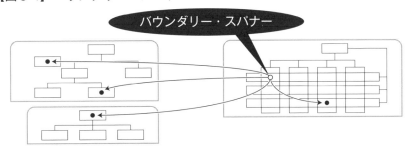

バウンダリー・スパナー（境界連絡者）
・境界を越えて人々をつなぎ，縦横無尽に組織行動に影響を及ぼす者 ・ビジョン，アイデア，情報，ヒト，資源を動かすために必要なグループ同士を積極的にリンクする ・えてして表面上の公式権限は大きくないが，必要な資源へのアクセスの良さ（中心性）が，組織に風穴を開けるうえで重要となる

（出典）グロービス経営大学院（2015）

16. グローバルレベルでの医療機関同士の異文化理解

　グローバルレベルで，医療機関同士のネットワークの構築，協働，さらには提携を円滑に進めていくためには，異文化マネジメントの理解が必要である。グローバルレベルでの医療ビジネス成功の鍵は，異文化を理解する力と言っても過言ではない。

　異文化を理解する前に，まずは自分が持っている常識が世界中全ての人に通用するものではないことを自覚することが必要である。

　そして文化の違いについて推察するための知識を持つことが必要である。ここで言う知識とは，個別の国に関するステレオタイプ的な知識ではなく，文化の違いを読み解くための汎用的な知識である。国，地域，民族レベルの価値観，文化が形成されてきた文化的背景等の理解である。

　異文化を理解した上で，育った環境や価値観が異なる人と協働するために，行き違いや誤解を生むことなく，確かな信頼を築いていくプロセ

スが肝要である。信頼を築くために重要なことは，お互いをリスペクトすること，さらにはお互いから学び合うという姿勢が医療サービスマネジメントにおいてより良い結果を紡ぎ出すことが最近の多くのダイバーシティ（多様性）研究からも明らかにされている。

［参考文献］
・カール.アルブレヒト・ロン.ゼンケ著，和田正春訳（2003）『サービス・マネジメント』ダイヤモンド社
・グロービス経営大学院（2015）『グロービスMBAマネジメント・ブックⅡ』ダイヤモンド社
・ジェイムズ.L.ヘスケット・W.R.サッサー.ジュニア（2006）「サービス・プロフィット・チェーン」『DIAMONDハーバード・ビジネス・レビュー　2006年11月号』ダイヤモンド社
・ゲイリー.P.ピサノ・ロベルト.ベルガンティ（2009）「コラボレーションの原則―「開放系か閉鎖系か」「フラットか階層型か」」『DIAMONDハーバード・ビジネス・レビュー　2009年4月号』ダイヤモンド社

第6章

医療（病院・クリニック）サービスマーケティング

歯科を含めたクリニック，病院において，医療提供体制を安定的に維持するための方法論とはなにか。これからの病院・クリニック経営を安定的かつ円滑に推し進めるために押さえるべきイシューを医療（病院・クリニック）サービスマーティングの観点から考察する。

6-1. 医療（病院・クリニック）提携のメリット

　昨今，歯科を含め病院，クリニックや薬局の提携による規模化が進んでいる。規模化にもチェーン展開化，フランチャイズ（FC）等による様々な提携の形がある。

　提携のメリットは，各クリニックの業務をクリニック全体でシェアー共有することにより，多くのメリットを享受することが可能となる。

【図6-1】提携の仕組み

（出典）グロービス経営大学院（2015）を参考に筆者作成

第6章　医療（病院・クリニック）サービスマーケティング

たとえば，業務集約による労働生産性が向上し，経験極性，稼働率の
UPが期待できる。医療機器，医薬品，物販等の一括大量仕入れによる
スケールメリットが享受できる。また共通のテレビCM，WEBホーム
ページ，SNS発信や，実績施術件数によるクリニックのブランド構築
の醸成に繋がる。このような医療提携により，ブランドが構築され，患
者に安心感を与えつつ，多くの相乗効果が期待できることが最大のメ
リットである。

6-2.歯科を含めたクリニック・病院のフランチャイズ（FC）

この業界のフランチャイズにおいては，本部から歯科を含めた各病
院・クリニックオーナーへの，継続的な様々な価値が提供され，正確に
フランチャイズフィーを取得できる仕組みのデザインが鍵となる。

本部から病院・クリニックオーナーへの継続的な価値提供が必要であ
る。たとえば共同購買，医療技術の秘伝のたれ・Black Box化，さらに
はフィールドサポートによる経営指導等があげられる。設立時だけの
One Timeの提供価値では，ノウハウを奪われ，離反される可能性がある。

本部と病院・クリニックオーナーとの役割分担を戦略的に設計するこ
とが重要である。本部が担う役割の例として，クリニック間でシナジー
が効くもの，規模・密度が効くもの，本部のノウハウ蓄積につながるも
の等が考えられる。また病院・クリニックオーナーが担う役割の例とし
て，クリニック投資，クリニック人員採用・育成，クリニックのオペ
レーション，患者数予測・必要な物販の発注等である。

本部にとっては，大義名分のある取り逃しのないフランチャイズ
フィー取得方法のデザインが重要である。病院・クリニックオーナーが
感じる本部の提供価値に，直接つながるフィーであり，本部が計算可能
で，着実に請求できる方法をデザインする。また共同購買やBlack Box

103

化された医療技術の請求額にフィーを溶け込ませる。さらに会計システムを提供し，クリニックでの売上を正確に把握する。

　適切なフランチャイジー（FC）のサイズも重要である。小さすぎる病院・クリニックは新たな設備投資の余力がなく，新医療器具・新オペレーションへの対応ができない。一方，大きすぎる病院・クリニックは本部への交渉力が増し，コントロールが難しくなる場合があるので注意が必要である。

6-3.病院・クリニックの提携のかたち

　提携には，一般的に多くの種類のものがある。業務提携，資本提携，さらにはM&Aがある。ここで述べる提携は，歯科も含め複数の病院・クリニックが合同で経営を行うことを表し，戦略的提携と言えるものである。それぞれの病院，クリニックが医療技術や様々なノウハウ，経営資源（ヒト・モノ・カネ）をシェアーし，提携間の病院，クリニックそれぞれに利益があるWin-Winを協力しながら醸成していくことをゴールとするものである。

　提携にも比較的緩やかな提携から，キャッシュ（カネ）のイン・アウトまでの流れも共有する共同事業的な結びつきの強い提携まで存在する。

　緩やかな提携をたとえば「Friend」（友達）と仮称し，例として提携間で合意した一部の医療技術の提供のみを対象とした提携である。

　中程度の結びつきの強さの提携をたとえば「Relatives」（親戚）と仮称し，例として提携先間で合意した医療技術の提供に加え，病院・クリニック名，宣伝，経営方針等を共有する提携である。

　そして結びつきの強い提携をたとえば「Family」（家族）と仮称し，例として提携先間で合意した医療技術の提供，病院・クリニック名，

104

第6章　医療（病院・クリニック）サービスマーケティング

CM等の宣伝，経営方針の共有，さらにキャッシュ（お金）のイン・アウトまでの流れ，損益計算書（P/L Profit and loss statement），貸借対照表（B/S Balance sheet），キャシュフロー計算書（C/F Statements of Cash Flows）も共有する共同事業的な結びつきの提携である。

　提携時の注意点としては，技術やノウハウの流出である。したがって提携を行う場合には，秘密保持契約を締結しなければならない。提携間の病院・クリニック双方の情報の管理徹底がなされていない場合，医療技術情報だけでなく，昨今社会的な問題となっている個人情報の漏洩を引き起こすことにもなりかねない。今の社会で特に個人情報の漏洩は，この病院・クリニックは危ない，だから選ばない，二度と行かないというノックアウトファクターに繋がる。提携を行う場合は，このようなリスクを避けるために契約書を作成するのは当然であるが，それ以外にも二重，三重にもおよぶリカバリー策を講じる必要があることは否めない。漏洩した場合に備えて，弁護士に依頼し，損害賠償の支払いについても具体的に追記しておくべきである。

　提携前に注意する重要なポイントは，長い時間と労力をかけて提携に至ったにも関わらず，「こんなはずではなかった」という結末を避けることである。

　たとえば，医療技術提携においては以下である。

・提供を受ける医療技術のレベルが想定する期待値よりも低かった
・提供を受ける医療サービスの質と量に離齬があった
・提供を受ける医療ノウハウを実際には受けられなかった
・負担する費用や受けるべき利益配分が想定と違った
・属人的な医療ノウハウを提供するヒトがいなくなった

　そのためには，言うまでもないが，何のために提携をするのか，提携

105

の目的を具体的に明確にすることである。そして提携目的に即して提携先の調査を徹底的に実施することである。さらに後々多くもめるケースは利益配分である。透明性をもって業務タスク，負担費用等の項目を設定し，お互いの貢献度に即して配分を決定していく。

調査と調整は時間と労力がかかり面倒ではあるが，この調査と調整を粘り強くすることが本質的に提携を成功させるティッピングポイントである。

6-4. 医療（病院・クリニック）マーケティング

歯科を含めた病院・クリニックマーケティングにおいて，本質的に考えるべき重要なポイントはシンプルに表現すると「誰に何を提供するか」，これを徹底的に考えるべきである。コア（核）となる患者は誰で，強みを活かしてどんな医療サービスを提供するかである。

医療サービスを提供するターゲット患者（誰に）は，たとえば総合病院の場合であれば，老若男女幅広い場合もあれば，美容整形外科の場合20代〜40代の女性中心の場合もある。

ターゲットにより，医療のメニューは，幅広く取りそろえる場合から，美容医療の場合，たとえばシミと脱毛に絞る場合も考えられる。

【図6-2】医療マーケティングのポイント

（出典）筆者作成

施術機器は施術時の心地良さや,施術スピードが重視される場合もある。さらに施術を担当するスタッフの意見を聞いた上で,納得を得る機器を導入することも重要である。プライシング（料金）については,想定される競合のクリニックの料金を丁寧に調査した上で,攻めるべきメニューと守るべきメニューによってプライシングしていく。

6-5. 医療（病院・クリニック）マーケティングの Value Line

Value Lineは縦と横の軸を取り,クリニック経営の成功の鍵となるKSF（Key Success Factor）を特定し,他社との関係性を整理し,次の戦略の方向性を見定めることに役立つ。なお,縦横KSF（Key Success Factor）の軸を変えることも有効である。

軸の方向性に戦略的な優位性が存在し,軸が業界KSFに密接に関連

【図6-3】医療におけるValue Line

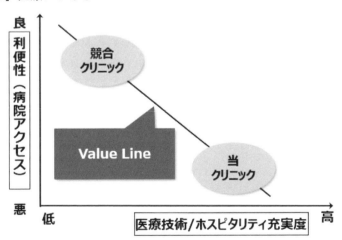

（出典）グロービス経営大学院（2015）を参考に筆者作成

する。競合を意識した自社の位置づけが戦略上のポジショニングとなる。

たとえば競合クリニックは利便性はいいが医療技術とホスピタリティが低いポジションにあると，当クリニックは利便性は悪いものの高い医療技術と患者へのホスピタリティを充実させるポジションを取る。

Value Lineにおいて，Value Lineよりも左下に移るとクリニックは淘汰される。一方Value Lineよりも右上に移動することができると圧倒的に優位に立つことができることを意味する。

6-6.顧客満足ピラミッド

嶋口（1994）によると，顧客満足ピラミッドについて，顧客満足は代価に対して必ずしも当然と思わないが，あれば嬉しい表層機能と，顧客が支払う代価に対して，当然受け取ると期待しているサービス属性の本質機能から構成される。

表層機能の属性を強化すれば満足度が上がる。1つが卓越していれば，他の属性が悪くても全体の満足度を担保できる。これは代償作用という。一方，本質機能の属性が欠けると不満を引き起こすが強化しても満足度は上がらない。また，表層機能とは異なり，属性間の代償作用もない。

患者満足を構成する本質機能と表層機能をそれぞれ強化し高めていくことを目指す。本質機能は顧客が支払う代価に対して当然受け取ると期待している医療サービス属性である。

患者が想定期待している通りの費用，期間，処置で治療がうまくいくことが基本中の基本である。受付時，受付後長時間待たされない，待合室が静か，待合室の空気が澱んでいない，待合室や診療室が清潔に保たれている，待合室や病室のゴミ箱にゴミが残っていない等である。

108

【図6-4】顧客満足ピラミッド

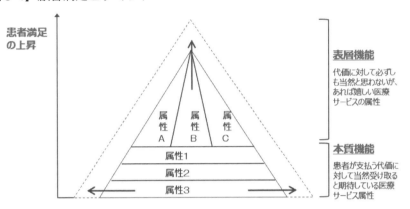

(出典) 嶋口 (1994) を参考に筆者作成

　騒音に対しては，壁に強度が高いプラスターボードとハニカム構造のダンボールを使用し，病室の静寂性を実現する。待合室，病室，診療室の空気については，空気が澱まないようたとえば高価で複雑な第一種喚気で強制換気システムを導入している。換気や温度が快適に保たれているか，ゴミ箱にゴミが溢れていない等である。なお，これらを実現しているクリニックではスタッフによりダブルチェックが行われている。

　表層機能については，代価に対して必ずしも当然と思わないが，あれば嬉しい属性である。名前を覚えてくれている，挨拶時には目を合わせて笑みを浮かべつつ挨拶してくれる，患者ごとにニーズに合わせたOne to oneサービスを行う。駐車場にはEV用の充電設備を配備する。

　あって当たり前の本質機能において，守るべきところはしっかり守りつつ，あれば嬉しい感動の表層機能においても，攻めるべきところはしっかり攻め患者満足を構成する2つの要素を高めていくことが患者満足を高める上では重要である。

6-7.医療（病院・クリニック）サービスの表層要素の変化と活性化プログラムの作用モデル

　喜村（2014）によると，図6-5の通り，表層要素（A）は，その使用経験により次第に「当たり前の機能」と認識されるようになることから本質要素（A'→A"→A3）へと変化していく。本質要素は，充足されても決して満足を覚えることがないが充足されなければ不満を持ち，総合的な顧客満足を不満にする。そのため，顧客満足維持向上の前提条件として不満に陥った本質要素を充足することで，「どちらでもない」状態へと引き上げること（A"→A2）や，「どちらでもない」状態を維持すること（A'→A2）が必要となる。

　顧客満足を向上するためには図6-5の通り，本質要素から表層要素に引き上げること（A'→A1，A"→A1），表層要素の状態の維持すること（A→A1）など，満足を高める機能を持つ表層要素を充足することが必要となる。

　喜村（2014）の図表6-5「表層要素の変化と活性プログラムの作用モデル」においては，表層要素は経験により「当たり前の機能」と認識され，充足されても満足を覚えることがなく，充足されなければ不満を持ち，総合的に顧客満足を不満にすると記されている。したがって顧客満足を維持，向上するためには，表層要素を引き上げること，表層要素の状態を維持することなど，満足を高める機能を持つ表層要素をたとえば以下の例のように日々進化，充足することが必要となる。

・もともと駐車場にはEV充電設備がなかったが配備した
・待合室のテレビを（32型）から液晶ハイビジョン大画面（40型）に変更
・スタッフと患者とのインタラクティブなコミュニケーションにより，

【図6-5】表層要素の変化と活性化プログラムの作用モデル

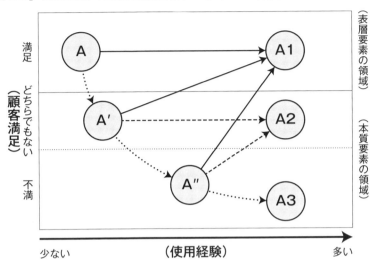

(出典) 喜村 (2014) を参考に筆者作成

患者情報が蓄積され，患者のニーズに合わせた属人的One to oneサービスが深化
・2回目の来院時に写真撮影をして3度目の来院の際，スタッフに顔を見て名前を覚えられて挨拶された

このことは，歯科を含めた病院・クリニックにも当てはまると言えよう。なぜなら，継続的に医療経営が順調な歯科を含めた病院・クリニックではこのようにリピート患者の顧客満足維持向上のため，日々サービスを進化させているからである。

6-8.ペルソナマーケティング

　ペルソナとは，架空に設定した人物像（顧客，患者）のことである。ペルソナを利用したマーケティングをペルソナマーケティングという。ペルソナマーケティングでは，具体的に患者を設定し，ターゲットとなる特定の患者に訴求ポイントをフォーカスする。たとえば年齢・性別・居住地・職業・ライフスタイル等，どこまで具体的に設定するかは目的によるものである。

　たとえば「神戸市に住む30代の犬を飼っている独身男性」といったペルソナがあげられる。このような詳細に患者を具体化するペルソナが流行った背景として，嗜好やニーズの多様化が考えられる。病院・クリニック経営において収益性を高めるうえで，より特定の患者に響く医療技術や医療サービスの提供，開発をすることが求められる。その際にペルソナを使用することで，より良い医療技術や医療サービスの提供，開発やマーケティングをすることが可能となる。

6-9.ペルソナにおける３つのゴール

　高井（2014）によると，意図しているサービスの提供価値に沿って，顧客が求める機能や品質，スペックなどについて聞く。しかし，ペルソナを使う本来の意味は，顧客視点でサービスが提供すべき価値を再定義することである。そこでペルソナのための考査では，過去の延長上でサービスがどうあるべきかではなく，顧客の本当の欲求や願望は何かを理解することが重要になる。

　ペルソナでは，顧客の本質的な欲求や願望を図6-6の通り3つのレベルのゴールセットとして捉える。1つ目は具体的なゴールである。これは顧客が具体的に達成したいこと，得たい結果のことである。2つ目は

112

【図6-6】3つのゴール

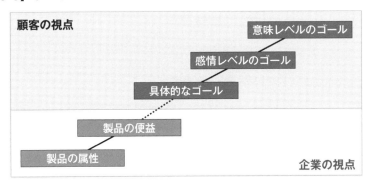

(出典) 高井 (2014)

感情レベルのゴールである。顧客は何かを経験するとき，必ずなんらかの感情を抱いており，それが意思決定や行動に大きな影響を与える。顧客がどんな気分になりたいのかをとらえたのが感情レベルのゴールである。3つ目が意味レベルのゴールである。顧客の長期的な願望や理想の状態を表したものである。

6-10. ペルソナが求める感情のゴール

　高井（2014）によると，顧客に望ましい感情を生起させる手がかりの基準＝エクスペリエンスクライテリアは，以下のステップで作成する。まずペルソナが求める感情を明確化する。カスタマージャーニーマップなどを使って，それぞれのシーンでペルソナが求めている感情を明らかにする。その際，必要に応じて洗い出した感情を図6-7のように3つ程度に集約し，感情レベルのゴールを更新する。

　高井（2014）によると，感情を喚起する属性の洗い出しをする。ペルソナが求めている感情を生み出す顧客経験の属性を「スピーディーな」「親切な」といった言葉を使って洗い出す。そしてすべての属性を

【図6-7】エクスペリエンスクライテリア（1）

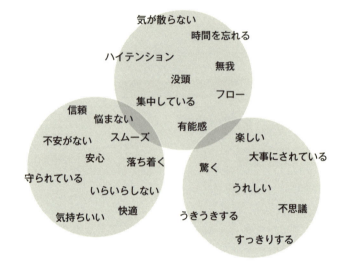

（出典）高井（2014）

グルーピングする。ペルソナのゴールとの整合性のないグループがあれば外す。その上でキーワードの選定・マップ化を試みる。それぞれのグループから，最も訴求力があると思われる属性を一つ選ぶ。図6-8の通り選ばれた属性を中心に，その他の属性をマップ上に配置する。

6-11.ペルソナ例について

　ペルソナについて，高井（2014）によるとペルソナを使う目的のひとつは，顧客を明確にすることである。さらにペルソナを使うことで，人間の行動や精神，気持ち，生きがいなど，生身の人間を描き出すことに力点を置いている。そして顧客の観察から行動様式や価値観の形成などを理解する手法である。

　たとえばクリニックＡのターゲットになる患者をより具体的にイ

【図6-8】エクスペリエンスクライテリア（2）

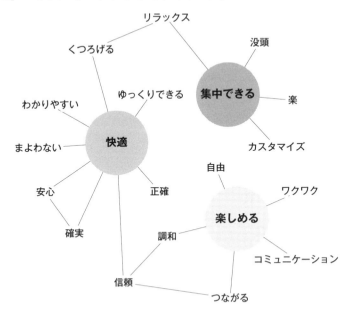

（出典）高井（2014）

メージするためのペルソナ例が図6-9である。

6-12.デプスインタビュー

　高井（2014）によると，デプスインタビューは，行動の背景にある顧客の真のニーズや価値観，サービスに対する評価や態度がどのように形成されていったかなど，顧客の意識や無意識の構造をオープンエンドな質問を重ねていくことによって明らかにする。

　インタビューによりキーワードマップから感情ゴールとして「快適」「集中できる」「安心」というキーワードが明らかになった。

【図6-9】 ペルソナの例

基本情報

【プロフィール】
・女性　32才
・婚姻状況：独身
・家族構成：父（62）母（60）
・居住地：西宮市
・神戸○女学院大学文学部卒
・趣味：ショッピング、ヨガ
・血液型：O型

【職業等の情報】
・勤務先　大手教育サービス会社
・部署　営業部
・役割　学校を訪問し授業サポートの提案
・年収　600万円

行動情報

仕事は移動中にカフェで行うことが多く、お気に入りはコメダ珈琲。デバイスはPC中心。休日は一人で過ごすことが多い。活動的に見られることが多いので、公私ともに色々と頼まれることも多く、教育系のNPO活動にも参加している。

心理情報

1人の時間が基本好きである。普段から営業で人と関わることが多いので、休日はあまり人と関わらずに静かに自分の好きなことをして過ごしたい。人が喜ぶことが好きなので、人前では明るく活発にしている。相手に合わせてあげたい、何かしてあげたい気持ちが強い。

（出典）筆者作成

6-13. 患者が目指すゴール例

　高井（2014）を参考にして，患者が目指す3つのゴール「具体的なゴール」「感情レベルのゴール」「意味レベルのゴール」はインタビューにより，たとえば以下である。

　具体的なゴールは，患者が具体的に達成したいこと，得たい結果である。例として一番は期待以上に治る，改善するという課題が解決されることである。その他に病院・クリニックの駐車場に車を駐車し，あまり長く待たされず，診療を予算内で受けられることである。

　感情レベルのゴールについては，行動の背景にある患者の真のニーズや価値観，サービスに対する評価や態度がどのように形成されていったか，患者の意識や無意識の構造をオープンエンドな質問を重ねて明らか

第6章　医療（病院・クリニック）サービスマーケティング

【図6-10】デプスインタビュー例

「なぜいつもAクリニックを予約するのか。」「それはなぜですか。」
「なぜ予約をしたくなるのか。」「それはなぜですか。」
「Aクリニックを予約する時はどんな気持ち?」「それはなぜですか。」
「Aクリニックを予約する時に心配なことはありますか?」「なぜそう思うのか。」
「なぜいつAクリニックを予約するのか?」「なぜそうするのですか。」
「Aクリニックに着いたらどんな気持ち?」「なぜそんな気持ちになるのですか。」
「Aクリニックに着いたら何が嬉しい?」「なぜ嬉しいと思うのですか。」
「受付の時にどんな気持ち?」「なぜそんな気持ちになるのですか。」
「受付の時に何が嬉しい?」「なぜ嬉しく思うのですか。」
「診察室に入ったらどんな気持ち?」「なぜそんな気持ちになるのですか。」
「診察室に入ったら何が嬉しい?」「どうして嬉しく思うのですか。」
「診察時に気持ちのいいことは?」「なぜ気持ちがいいと思うのですか。」
「診察時に不快なことは?」「なぜ不快に思うのですか。」
「診察室にいていやなことは何か?」「なぜいやだと思うのですか。」
「診察室以外で嬉しいことは何ですか?」「なぜ嬉しいのですか。」
「診察室以外でワクワクすることは何ですか?」「なぜワクワクするのですか。」
「会計する時にどんな気持ち?」「なぜそんな気持ちになるのですか。」
「会計する時に何が嬉しい?」「なぜ嬉しいのですか。」
「有人や同僚にAクリニックを薦める可能性はありますか。」「それはなぜですか。」

（出典）筆者作成

にする。インタビューによりたとえばキーワードマップから感情レベル
のゴールとして「快適」「集中できる」「安心」というキーワードが明ら
かになった。感情レベルのゴールは，経験，つまり患者が診察を受ける
とき，必ず何らかの感情を抱いており，それが意思決定に大きな影響を
与えるものである。

　意味レベルのゴールは，長期的な願望や理想の状態を表したものであ
る。例として課題を抱えている患者にとっての意味レベルのゴールは，
「○○さん　お加減はいかがですか。良くなりましたか」と声をかけら
れることで，帰属意識が高められ，「安心して帰れる場である病院・ク
リニック」で，「完治，あるいは改善」することである。

117

【図6-11】ゴールの例

快適	集中できる	安心
リラックス くつろげる ゆっくりできる ホッとする 明るい 温度が寒すぎず、暑すぎず 正確 信頼 便利 無駄を感じない 無意味さを感じない 診療室の椅子が心地良い 待合室の椅子が柔らかすぎ ず、かたすぎず良い 電話がつながる 電話の対応が良い	診療室の椅子が厚みがあっ て良い 診療室の電気が明るい 医療機器が新しい 医療機器が多い ホームページが使いやすい ホームページがシンプル 便利 没頭できる 正確 リラックス 無駄がない	ドクターの ・丁寧な ・わかりやすい ・納得感のある説明 ・声 治る 良くなる 価格 必ず停められる駐車場 かまってもらえる 固有名詞の属人的扱い 利便性がよい 没頭できる 正確 医療機器が新しい 帰る場所 受付スタッフの笑顔

（出典）筆者作成

［**参考文献**］

・嶋口充輝（1994）『顧客満足型マーケティングの構図―新しい企業成長の論理を求めて』有斐閣

・高井伸二（2014）『実践ペルソナ・マーケティング―製品・サービス開発の新しい常識』日本経済新聞社

・喜村仁詞（2014）「サービスにおける顧客満足活性化プログラム」関西大学商学論集59巻

・グロービス経営大学院（2008）『グロービスMBAマネジメント・ブック』ダイヤモンド社

・グロービス経営大学院（2015）『グロービスMBAマネジメント・ブックⅡ』ダイヤモンド社

第7章
人材育成とダイバーシティ

現代社会は，技術革新やビジネスのグローバル化の影響，また少子高齢化の進行，人口減少など，産業や労働を取り巻く環境は大きく変貌している。そしてIT化や業務の効率化・多様化等により，労働市場における就業者に求められる能力も変化している。コミュニケーションを含む社会人基礎力は，どの産業にも不可欠なものであるものの，全産業に占める第3次産業の割合が増加していること，第1・2次産業の変質（サービス業化）も加わり，その重要性はより増大しているものと考える。この産業構造とともに労働環境（求められる能力）の変化は，若年者の離職率の増加の要因になっているものと推察される。

　本章では，様々な分野における人材の育成と確保に向けた取り組みについて，その分野の事例を通して紹介する。また，日本の人材不足に急務であるダイバーシティ推進に向けて，医療にどう活用し，応用しうるかを考える指針とされたい。

　近年は，多様性を生かした人材育成や採用の取り組みとして「ダイバーシティ」が注目を集めている。経済産業省では，「多様な人材を活かし，その能力が最大限発揮できる機会を提供することで，イノベーションを生み出し，価値創造につなげている経営」としてダイバーシティ経営を定義している。そして，多様な人材が活躍することは，少子高齢化が進む日本においては，日本経済の持続的成長にとって不可欠であるとしている。

　生産年齢人口が確実に減少していく日本においては，国内企業がグローバル化するにあたりダイバーシティへの取り組みもますます重要となってくる。「日本的雇用」と呼ばれた年功序列や終身雇用は崩れ始め，若年層の働く価値観の変化は大きくなっている。

　このような背景から，最初に社員の職務に対する満足度についてみていく。組織内での個人のキャリア形成に大きく影響し，社員のモチベーションが高いと企業業績が良いことは，様々な研究から一般通念となっ

120

ている。若年者の離職に悩む医療産業を担う企業の人材育成の事例をもとに，従業員へのカウンセリングから見えてきたGAPの存在を明らかにし，このGAPに対処する人材育成プログラムの開発について述べる。

　また，福祉サービスの現場においては，少子高齢化による労働人口の減少，地方の過疎化，限界集落などの課題は山積である。人材の確保も難しく，市場は売り手傾向にある。特に福祉分野では他の業界よりその傾向は強くなっている。そこで，福祉サービスの現場での，採用，育成について事例を通して成功の要因について述べる。

　一方，海外での人材の確保についてはどうか。以前まで，日本企業のアジアへの進出は，「豊富で安価な労働力」を有する中国に向いていた。しかし，そうした状況の中，中国投資へのリスクの顕在化で，近年は東アジアが注目されてきた。アジア開発銀行（ADB）は2019年版「アジア経済見通し」の修正版で，2019年の東南アジアのGDP成長率が+4.4％になるとした。タイは消費や投資の減少などから，3.0％から2.6％に下方修正した。日本をはじめとする海外直接投資の増加などの期待からベトナムは6.9％と，0.1ポイント引き上げた。日系企業でも新興国の市場開拓に向けた取り組みは加速している。しかし，近年の労働者の確保難と賃金の高騰は，それらの国にも現れはじめた。東アジアでは，失業率は低下しているものの各国の労働法の改正により，進出した日系企業へも影響を与えている。タイでは，深刻な人で不足となり，賃金も年々上昇し続けている。シンガポールでは，外国人の雇用抑制に日系企業も人材の確保と育成が課題となっている。ベトナムも賃金の上昇は続いている。海外の事例を中心に人材の採用について述べる。

　最後に，コロナ禍においての就職活動と企業の採用についてみていく。

7-1.中小企業の人材育成

　最近では，若年者の職場のストレスやメンタルヘルスの問題がクローズアップされている。私たちを取り巻く社会や産業構造の変化は，労働者の心理・精神面にも大きな影響を与えていると言えよう。また，職場における個人と企業の意識の隔たりも課題の一つであり，その隔たりを埋められずにいる場合，個人のキャリア形成はストップし，メンタルヘルスの悪化や離職に繋がっていく。こうした状況下，コミュニケーションツールとして「調和の場」を提供する役目を担うキャリアカウンセリングの存在意義が近年取り上げられている。

　調和の「場」を提供し，企業と社員の隔たりを埋めることは，社員の職務の満足度へも繋がると考える。キャリア・コンサルタント，もしくはそのスキルを持った人物が関わることで企業と社員のGAPは軽減されたことが見受けられ，キャリア・コンサルタントの効果的な関わり方について述べる。

　事例は，製造業でありながら医療サービス業の側面を担う中堅中小企業において，企業と社員の抱えている問題を分析し，問題解決に向けた取り組みや効果的な人材育成を見ていく。

1.企業の現状

　事例は，社員数200名，うち正社員は70名。毎年一定数の新卒採用を行っている。社員の年齢は40代（パート）が多くを占め，次いで20代（正社員）となっている。社員の職種は，総務・経理を除きほとんどが専門職・技術職となる。

　今までは特に競争対象となる企業は無かったが，ここ数年，県外資本が入ってくるようになり，実際，長年の受注先から取引を断られたケースも出てき始めた。また，入札で負けることもあり，受注先の開拓に力

第7章　人材育成とダイバーシティ

【図7-1】A社組織図①

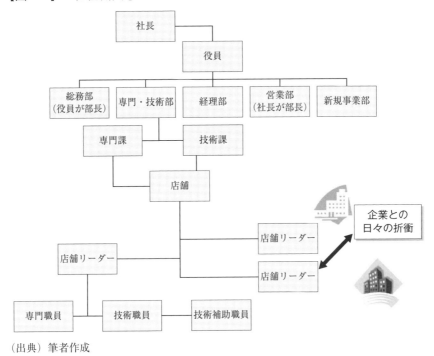

（出典）筆者作成

を入れなければならない。今のラインだけで今後生き残っていけるのか不安はある中で，新入社員の1年以内の離職が多いのが現状である。

①勤務地が県下に点在し，定休日も無いため，集合研修ができない状況。勤務年数やスキルに合わせた集合研修を行うことで，課題の共有や社員の交流を図りたいと考えている。
②現在の人事制度の見直しと人事考課制度の構築を図りたいと思っている。
③一部の技術職については，キャリアモデルもいるため将来像を意識しやすいが，他の職種については，キャリアモデルもおらず，意識する

機会も無いので将来像を意識させたいが仕組みが無い。

④これから事業も拡大するうえで，採用の拡大と新入社員の定着率を上
　げたいと考えている。

2.キャリア・コンサルタントの関わり

　役員（2名）と社員（専門職2名・技術職18名）へのカウンセリング
から，企業が見えていなかった問題点が明確になる。まず，従業員の不
満を上司が把握できていないという点が一番大きな問題であった。仕事
内容は全く同じにも関わらず，持っている資格が違うだけで能力評価の
基準が大きく違うことについての不満や，リーダーに任命されても，
リーダー研修や育成のためのプログラムが無く，いきなり経験のない外
部交渉をさせられることへの不安などが上がった。従業員は不満や不安
を伝えてきたつもりだが，上司は重要な課題とは思わず，聞き流してい
る状況である。

　これとは反対に，企業側は人事に関する改革や社内の評価の仕組みを
これから見直すことを従業員に伝えているが，社員にはその意図がきち
んと伝わっていないことも見えてきた。そして，企業は従業員の自主性
を大事にしたいという意向から，社内提案制度も設けているというが，
従業員はその存在を全く知らなかった。なぜ社内提案制度について意思
の疎通が図れていないかという点については，若手管理職会議等でアナ
ウンスしているだけであり，一部のものしか知らない，各支店に会議の
内容を持ち帰っても報告の中に入っていない，社内提案制度として規定
された文書はなにもない，という問題がある。会社側は，社員から提案
が全く上がってこないので，いい制度はあるのにも関わらず，従業員が
積極的に何かをしようという動きに全然繋がらないと受け止めており，
自社の従業員が新しいことに取り組む意欲や進んで何かを変えていこう
とする力が不足していると判断をしていた。

【図7-2】A社組織図②

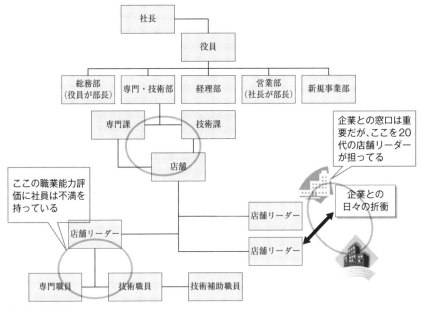

(出典) 筆者作成

　また，上司は，このような状況に陥っているのは，従業員に何かを考える余裕が無い状態にあると自己判断をし，従業員を取り巻く環境整備が必要だと感じている。この状況を打破したいので中間管理職を巻き込んでキャリアアップする仕組みや，社外研修制度の充実，新規企画へチャレンジしやすい仕組みを作りたいと望んでいる。

　ただ，この企業の中間管理職の半数は20代であり，まだまだ現場のマネジメントに余裕がないのが現状である。企業としては，取り組むべき課題は色々と感じているものの，優先順位をつけられていないことと，従業員に優先順位の基準となるものが全く提示されていないため，彼らは企業の「コアバリュー」が分からないのである。また，入札で新しい企業との取引が始まったが，前回の取引先との問題点や課題，改善

店頭を把握することなく取引は開始する状況で，企業にも現場の人員数にも余裕がない状況が見えてくる。人員数に余裕がないのは，離職率の高さがあるが，これはまさに悪循環となっていることがわかる。

3.現場を担う人材の育成に向けて

企業と従業員へのカウンセリングから，企業の見えている課題と見えていない課題，社員の抱えている課題と気づいていない課題や相談内容をキャリア・コンサルタントが企業へ提示をした。そこから，企業側の実際の行動として変化したのは，新規事業先への企業の取り組み姿勢を伝えるために，その事業先で行った従業員へのマナー研修であった。これは，新規事業先から前回の他社委託先との課題の中で，社員のマナーがなっていないと言うことがあり，早速取り組んだものである。新しい委託先に派遣される社員と委託先社員とのコミュニケーションを図る最初の場にもなる。このことは，新規委託先に派遣される社員の不安解消にも大変役に立った。実際に社員からの声として，仕事に入る前の準備期間として数回のマナー研修は新しい企業の様子を知ることができ不安解消に繋がったことや，委託先の社員とコミュニケーションを初めて取るときのツールとしてこの研修が良かったことが挙げられた。そして，マナーだけでなく自己分析，自己理解などの研修をすることで，自分を客観的に見ることや会話の中での聴く姿勢，相手への伝え方などコミュニケーション技術の獲得を目指した研修内容にも従業員の満足度は高かった。この研修の取り組みは，従業員の異動先への不安解消に良い影響を与えていた。今後，新規委託先にはこの方法を継続していくこととなった。この研修が早くに実現したのは，新規委託先との関係構築に有効であると考えたトップの判断が大きい。

離職については，技術職，専門職で採用されるため，現場からはほとんど即戦力としてみなされる新入社員や中途採用社員の抱える不安と，

126

現場から求められる即戦力とのGapが離職に繋がっているケースもあった。最初のコミュニケーションが人間関係の構築に影響を与えるため，ここで仕事の進め方の相談や不安などを相談できる関係に躓くとストレスを抱え，離職理由の上位にある「仕事へのストレス」「人間関係」の問題を抱えることになる。実際に現場からも従業員同士の交流が持てる時間や他の現場の社員との交流が持てる仕組みが欲しいとの声は上がってきている。

これに対し会社側は，従業員は時差出勤が多い職場なので，従業員同士の交流の時間への対応は難しいと考えている。

企業側は，今後の事業拡大に伴い毎年新卒を増やしていきたい意向があるが，この点については，受け入れる各支店からは，即戦力で使えないので研修期間を経て来て欲しいとの要望がある。現場では，人員不足の中をやりくりしている状況なので新入社員の育成に余裕が無いのが現状である。従業員の育成がうまくいっていないことで，現場の管理職となる責任者も20代が多く，若手幹部候補生の教育については現場には熟練の指導者がいないので大きな課題として残る。現場の若手責任者は，委託先企業との折衝に年齢や経験の浅さで不安を持っているため，従業員の育成のためにも研修制度の充実が急務である。

この点では，若い幹部候補生の教育研修については，年数回のOff-JT研修に頼っていることもあり，外部の研修等に参加させるという仕組みもあるもののうまく機能していなかった。社内のキャリアアップの仕組みやOJT，Off-JTの明確な研修制度が社員に向けて提示されていないことも従業員の不安の一つとなっていた。

4.人事制度との連動および研修の効果

人事評価についても部署ごとに評価内容が違い過ぎ，統一された評価の部分がないことで社員からはわかりにくい人事評価への不満があるこ

ともわかった。具体的には，事務職には「身だしなみ・挨拶」という評価項目があるが，技術職には無いということなどが挙げられた。この「身だしなみ・挨拶」は会社の理念にも関係することなので，若手の会議での意見から，従来の人事評価制度そのものの見直しを考えることとなった。

　また，新規店舗へのマナー研修の導入は，各支店で継続されており，研修への満足度は高く初対面のコミュニケーションの不安が解消されている。さらに現場の従業員だけでなく，委託先のトップも数名参加することにより，お互いのコミュニケーションを図ることで，より委託先との垣根も低くなり，委託先からの良い評価にも繋がり始めた。若手幹部の取引先との折衝への不安を解消するために，本部の担当者が同行するなどのOJTの方法が取られることとなった。OJTを増やすことで若手の不安を解消し，人材の育成をOJTへと舵をきり始めた。また，支店の担当者が本部に集まる会議の回数が以前より増え，情報共有や提案なども伝えやすい仕組みに変えていった。そして，本部の担当者の支店への巡回回数も増え，若手幹部にとっては安心できる材料となった。Off-JTについても積極的に外部に行かせることで，異業種間交流から得ることも多くなり，結果，以前より風通しは良いと従業員は感じるようになってきている。ただ，現状はまだ教育担当者が現場の巡回や契約の獲得など様々な業務を担う中で社員教育を行っているため，幹部候補生への現場でのマネージャーの育成には時間がかかっている。

5.GAPの分析とキャリア・コンサルタントの関わり方

　企業には，①今の状況（今の人材）と②なりたい姿（求める人材）がある。社員にも同じように③今の状況（今の自分）と④なりたい姿（なりたい自分）がある。この4つをもとに分析が可能である。

① 今の人材…自己の専門分野のみで活躍する社員，積極的に他の領域へも関わらない社員，キャリアアップの機会を活用できてない社員，

② 求める人材…経験年数に応じて用意されているキャリアアップの仕組みを積極的に利用してキャリア形成していける人材，経験のない仕事でも好奇心旺盛にチャレンジして仕事の領域を広げられる人材，仕事を通じて社会貢献出来る人，経営理念に共感し行動できる人。

③ 今の自分…不規則な勤務時間も解消されないので仕事への意欲が低下，何のために仕事をしているのかわからなくなる，他の人にも手伝ってほしい，評価してほしい，自分の専門の仕事だけをしていたい。

④ なりたい自分…仕事と家庭のバランスのとれた生活，結婚できる環境，楽しく仕事がしたい，仕事をもっと深めたい。

　企業の＜今の人材＞と＜求める人材＞の間にはGAPがあり，これを近づけるにはGAPの調整が必要となる。そのための取り組みとしては，制度の改革などが考えられる。社員の＜今の自分＞と＜なりたい自分＞の間にもGAPがある。このGAPを調整するためには，環境を変えることや自己啓発が必要となる。

① GAP1…＜企業の現状＞と社員の＜自分の現状＞の間でGAPを調整しようとするなら，企業側はESを高めなければならないし，社員は感じたミスマッチにどう調和していくかがポイントとなる。

② GAP2…＜企業の求める人材＞と＜なりたい自分＞の間でGAPを調整しようとするなら，企業側はESを高めることとそれに伴う社内制度の充実が考えられる。今の社員に伝えるには教育研修が必要であり，企業の求める人材となりたい自分の間では，社内制度の改革（ES）がなければ，ミスマッチを感じてしまうことになる。ここでも

お互いがどう調和していくかが鍵となる。

③GAP3‥‥＜企業の現状＞と＜なりたい自分＞の間には，社員にはこのままこの会社にいて自分の欲求を満たせるのだろうかという不安が出てくる。ここでGAP調整しようとするなら企業側は不安を解消できるような仕組みの提示をしなければならない。また，社員はどのあたりで自分の欲求を調整できるかがGAP調整のポイントとなる。

④GAP4‥‥＜企業の求める人材＞と＜今の自分＞の間では，企業側に，求人を出せばこの社員の代わりの人間はいくらでもいるという考え方を持つ企業もいる。社員は，期待には応えられないと感じるととりあえず「安定して働きたい」と望むのか「食べるために働く」ことになる。

　これらのGAPの調整には，＜対話と場所＞が必要だと考えられる。今回この＜対話と場所＞の役割を担うのが，今回のようにキャリア・コンサルタントの役目でもあった。企業と社員の思いをお互いどう調和していくかという点でこの＜場所＞は非常に重要な役割を果たしたと言えよう。伊丹（2000）によれば，「場は企業組織の中の関係の場として，企業のマネジメントや知識創造にも深いかかわりを持っている。人々は関係の中で生きている。その関係の中で様々なメッセージの意味を解釈し，刺激を受け，知識が想像されていく。」とし，「場」の重要性を言っている。また，「場」の定義について伊丹は，「場とは人々が参加し，意識・無意識のうちに相互を観察し，コミュニケーションを行い，相互に理解をし，相互に働きかけ合い共通の体験をする。その状況の枠組みのことである。」としている。また，野中（2000）は，「場とは，物理的空間（オフィス，分散した業務空間），仮想空間，特定の目的を共有している人間関係，あるいはこのような人間同士の共有しているメンタルスペース（共通経験，思い，理想）のいずれでもありうる，場所的プラットフォームである。それは関係の空間であり，そして空間と時間を

130

【図7-3】GAP分析

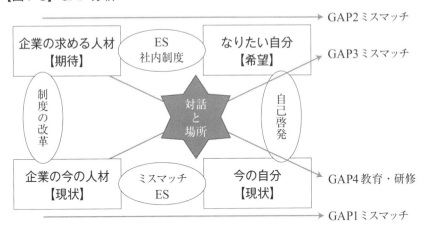

(出典) 筆者作成

同時に含む場所性の概念である。」と定義している。

7-2. 福祉サービスにおける人材育成

1. 高齢者を取り巻く環境

　日本国内で高齢者に対する虐待が深刻化している状況を受け、平成17年11月1日に高齢者虐待防止法が成立、平成18年4月1日より施行となった。この法律では、高齢者虐待について、1.養護者による高齢者虐待、2.養介護施設従事者等による高齢者虐待と定義をしている。虐待行為の種類としては「身体的虐待」「心理的虐待」「性的虐待」「経済的虐待」「ネグレクト」の5つである。厚生労働省による、『「高齢者虐待の防止、高齢者の養護者に対する支援等に関する法律」に基づく対応状況等に関する調査』の過去三年間の推移を見てみる。

【表7-1】「高齢者虐待の防止，高齢者の養護者に対する支援等に関する法律」に基づく対応状況等に関する調査

	養介護施設従事者等によるもの		養護者によるもの	
	相談・通報件数	虐待判断件数	相談・通報件数	虐待判断件数
R02年度	2.097件	595件	30.040件	17.281件
R01年度	2.267件	644件	27.940件	16.928件
30年度	2.187件	621件	26.688件	17.249件

（出典）厚生労働省「令和2年度「高齢者虐待の防止，高齢者の養護者に対する支援等に関する法律」に基づく対応状況等に関する調査」

【表7-2】虐待の発生要因（複数回答）

内容	件数	割合（%）
教育・知識・介護技術等に関する問題	290	48.7
虐待を助長する組織風土や職員間の関係の悪さ，管理体制等	132	22.2
職員のストレスや感情コントロールの問題	102	17.1
倫理観や理念の欠如	87	14.6
人員不足や人員配置の問題及び関連する多忙さ	63	10.6

（出典）厚生労働省「令和2年度「高齢者虐待の防止，高齢者の養護者に対する支援等に関する法律」に基づく対応状況等に関する調査」

　また，虐待の発生要因として，表7-2から読み取れるように「教育・知識・介護技術等に関する問題」が290件（48.7％）で最も多く，次いで「虐待を助長する組織風土や職員間の関係の悪さ，管理体制等」が132件（22.2％）となっており，続くのは「職員のストレスや感情コントロールの問題」が102件（17.1％），「倫理観や理念の欠如」が87件（14.6％），「人員不足や人員配置の問題及び関連する多忙さ」が63件（10.6％）であった。

　表の結果より「教育・知識・介護技術等に関する問題」，「倫理観や理念の欠如」から虐待が起こっていることから，この問題を解決する一つの方法としては，福祉の現場を担う職員への人材育成の在り方も重要であると考えられる。また，日ごろから一人のスタッフが担う仕事の量や

第7章　人材育成とダイバーシティ

内容についても原因があると思われる。特に現場のスタッフの人員不足からくる発生要因も考えられる。入れ替わりも激しいといわれる現場で，心身ともに余裕のない状況での発生がうかがえる。

【表7-3】虐待の種別（複数回答）

	身体的虐待	心理的虐待	介護等放棄	経済的虐待
人数	12,128	7,362	3,319	2,588
割合（％）	68.2	41.4	18.7	14.6

（出典）厚生労働省「令和2年度「高齢者虐待の防止，高齢者の養護者に対する支援等に関する法律」に基づく対応状況等に関する調査」

厚生労働省の調査によると，虐待の発生要因は，虐待者の「性格や人格（に基づく言動）」が9,999件（57.9％），被虐待者の「認知症の症状」が9,141件（52.9％），虐待者の「介護疲れ・介護ストレス」が8,638件（50.0％）であった（複数回答）。また，虐待において特定された被虐待高齢者17,778人のうち，虐待の種別は「身体的虐待」が12,128人（68.2％）で最も多く，次いで「心理的虐待」が7,362人（41.4％），「介護等放棄」が3,319人（18.7％），「経済的虐待」が2,588人（14.6％）であった。

2. 公的機関の取り組み事例

利用者が求めている福祉ニーズに十分には応えられない物理的な問題や技術的な問題も含め，より良い福祉ニーズの提供のためにはどのような人材の育成，およびプログラムが福祉現場では必要なのか，また採用や離職に関しても厳しい現実があることから，福祉現場でどういった採用アプローチをすれば人材確保から人材育成に結び付けていけるのかを検討していく必要がある。

そのような中，市町村では様々な取り組みもなされている。一例として姫路市での取り組み事例を紹介する。

133

姫路市

○介護職員交流促進等事業

介護職員や管理者をはじめ，介護に興味のある人を対象に，研修を開催している。また，介護に関する相談会や意見交換会を実施している。

○介護職員初任者研修受講費用助成事業

介護職を目指す人の就労支援を図るための事業として，介護職員初任者研修を修了し，一定期間以上介護保険事業所等に就労した人に対し，研修受講費用の一部を補助している。

○サービスの担い手養成研修

研修（約12時間のカリキュラム）の修了者は，従来の訪問介護員（ヘルパー）でなくても総合事業生活援助のサービス提供が行える仕組みになっている。研修終了後は兵庫県の指定研修終了者と同じ「兵庫県介護予防・生活支援員」とみなされ活動できる。

○認知症地域見守り訪問員派遣

認知症の人の自宅を訪問し，話し相手や見守り支援を行う。見守り訪問員は「認知症サポーター」および「あんしんサポーター」で認知症の人への接し方等について追加研修（講義・実習）を受講した人となっている。

○姫路市介護支援ボランティア（あんしんサポーター）養成研修

高齢者が住み慣れた地域で安心した生活を送るために支援する「あんしんサポーター」の養成研修を行っている。

○認知症サポーター，キャラバン・メイト養成研修

認知症について正しく理解し，偏見を持たず，認知症の人や家族を暖かく見守る応援者として活動できるよう養成研修を行っている。

　その他，姫路市では，様々な講座や講習会を開催し，市民が積極的に関われるような仕組みが作られている。

3.事業所の採用とダイバーシティへの取り組み事例

　福祉サービスの業界での採用は，コロナ禍でますます難しくなっていた。もともと，業界としてのイメージが「キツイ仕事」と思われがちで，コロナに関係なく毎年，採用は決して楽ではなかった。ただ，コロナ禍では学生の応募にも変化があった。本来，福祉を目指して卒業した新卒採用に苦戦していたところへコロナ禍となり，日本経済がストップした時期もあり，観光業界をはじめ他の業界は，多くの新卒採用を減少させたり見送ったりした。そのため，例年にはない福祉以外の学生の応募が増えた。最初は，専門ではないので様々なことを1から教えて取り組まねばならないこともあり，現場の負担感を考えると採用は躊躇していた。しかし，この採用を逃すと次の応募者は来るのかという不安もあり，多様な学部の出身の学生を育成するという方向転換を図った施設では，採用に成功している。

　日本全体としては，高齢者は増えるものの，大学の福祉を専攻する学生の人数は減少傾向にあるという。コロナ禍では，応募が福祉に流れてはきたものの，3年目となりコロナの対応も緩み始めると，2023年卒，2024年卒の福祉系へのエントリー状況は，昨年に比べて全体的に減っているのが現状である。これは，他の業界が採用を昨年より活発化したためでもある。そのため，応募してくれた学生には，希望を聞き丁寧に対応するよう心掛けている。たとえば，児童希望で来た学生も福祉作業所でインターンシップを重ねることで，成人でも構わないと希望してくれるようになることもあった。インターンシップや実習を積極的に増やしていくことで，仕事への理解を深めていこうという試みをしている。相談業務への希望者もいることから，働きながら施設として将来的に資格が取れるような仕組みも新たに模索をしている。これまでは，福祉系の卒業生を採用してというのが当たり前だったが，コロナ禍での取り組みは，様々な学部の出身者を受け入れ，そして自社で育てていくとい

135

う，ダイバーシティ経営を目指し始めている。その中でも，新人の大きな壁となるのは，入所施設での宿泊対応である。福祉業界が初めてのこともあり，宿泊に不安を感じる新人も多いことから，離職理由にならないようにと現場のベテランのスタッフを付けて育てる試みもしている。

【A社採用事例】

	新　卒	中途採用
採用方法と課題	・専門学校，大卒においての資格要件は無くした ・説明会はオンラインにしているので，地域を問わず応募がある ・学生の負担にならないよう1日で面接から実習までを行う ・離職理由にもなりやすい宿泊勤務は必ず事前に伝える ・利用者全体を見られるようにいろいろな部署への異動の希望もある 【課題】採用後，所属を発表すると入職前に辞めてしまう学生が多い。そのため，施設全体で現場に人員不足が発生し，職員の負担が増す	・新人の入職前の事態などにより，また，在職者の2週間前の離職告知等により，緊急性が増す中での採用となる ・ハローワークだけでは対応できず，課金媒体を使用しての採用活動となっている ・次が決まってから辞められるので，数日の猶予もなく日程交渉の余地がないため，採用を急ぐ傾向となる 【課題】急に離職を告げられることから緊急を有する採用となる場合が多いので，余裕を持った採用活動ができない

　施設によっては，新卒にも中途採用にも苦労をする中でも，採用方法を毎年進化させながら工夫を凝らしている。中途採用に関しては，課金であっても募集媒体を増やし，SNSを駆使するなどしてアプローチの幅を広げている。また，新卒者も中途採用者も離職・転職については，「賃金」「休日」「人間関係」などが理由となっている。

　そのような中，新卒に関しては，募集から採用まで多くの工夫を行っている。また，福祉分野の卒業ではない学生でも不安なく働けるようにと入社後の研修も用意するようにした。

　以下，図7-4にまとめる。

　この図にあるように，採用活動においては，実習を含め現場経験の無

第7章　人材育成とダイバーシティ

【図7-4】新卒採用における育成図

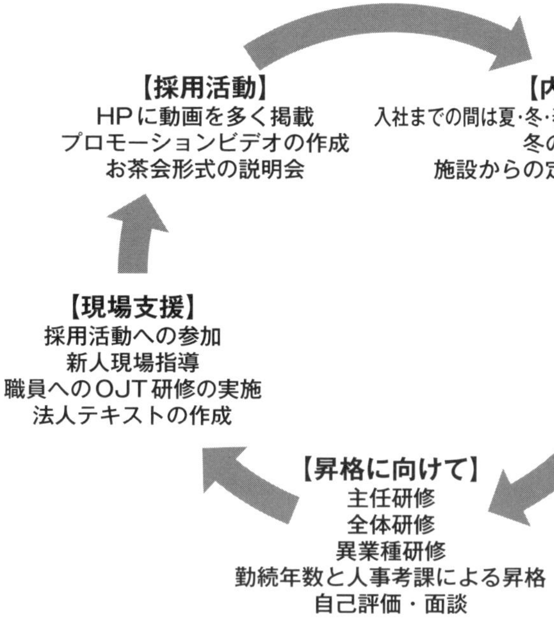

【採用活動】
HPに動画を多く掲載
プロモーションビデオの作成
お茶会形式の説明会

【内定後】
入社までの間は夏・冬・春の研修会を実施(日当支給)
冬の懇親会
施設からの定期的な電話連絡

【入社後】
半年後研修
1年目研修
2年目研修
3年目研修
5年目研修

【昇格に向けて】
主任研修
全体研修
異業種研修
勤続年数と人事考課による昇格
自己評価・面談

【現場支援】
採用活動への参加
新人現場指導
職員へのOJT研修の実施
法人テキストの作成

(出典) 筆者作成

い新卒者にも様子がわかりやすいように，HPに多くの動画を掲載している。また，オンラインでもわかりやすいように見せ方にも工夫をしているという。プロモーションビデオも作成し，オンラインや対面での説明会から，次の採用面接まで繋げていけるように，間に行事を入れていくなどしている。内定後は，入社までの期間，夏・冬・春休みの研修会を有償（日当支給）で実施している。冬には懇親会を行い，春からの入社に向けて社員との交流を深める機会を設けている。また，そのほかの機関にも定期的に電話でのコミュニケーションを行い，入社までの不安に対応できるようにしている。

入社後は，勤務場所が離れた同期とも交流が続くよう，半年後・1年目・2年目・3年目・5年目研修が行われている。2年目研修においては，

137

コロナ禍で対面や同期のコミュニケーションが限られることから，追加した研修である。これらきめ細やかな研修は，これまでの離職率の低下に向けた取り組みの一つである。研修要素は，採用時のアピールにもなることから，積極的にキャリアパスの明確化を行っている。

主任など役職者になるための研修も充実しており，役職者になることへの不安の払拭や，役職者になり現場で業務が増大することの無いよう，負担感の払拭にも役立っている。自己評価や面談も行い，コミュニケーションを取り，次のステップにつながりやすいフォローも行っている。外部との交流も考え，異業種研修や商工会議所等の研修への参加なども支援している。コロナ禍であえて研修を追加することで，モチベーションの維持にも貢献している。

ベテランスタッフになってくると，現場の指導だけでなく，オリジナルのテキストを作成し，自社に合ったサービスの提供を目指せるように工夫もしている。部署が移動になる部下へのOJT研修の実施も行っている。新卒者や中途採用者のメンターのような存在になることで，コミュニケーションを取り，様々な不安を払拭し，風通しの良い職場づくりへと貢献している。

4.今後に向けて

利用者の自己決定の尊重をしながら，リスペクトしていくことが求められる福祉現場では，様々なテクニカルスキルやマネジメントスキルが求められる。利用者の個人情報を扱うことが多く，危機管理能力の高さも求められる。実際現場で起きた事例としては，認知症に関する行動において，本人の目に触れてはいけない内部資料としての共有事項を誤って本人に渡してしまったために尊厳を傷つけてしまい，その後のコミュニケーションが難しくなったことなども挙げられる。利用者とより良い人間関係を保つためにも，双方向のコミュニケーション能力が必要であ

第7章　人材育成とダイバーシティ

【図7-5】大学と組んだ施設の採用手順

施設訪問	・学生は希望の施設へ訪問日のアポイントメントを行う ・施設は，デイに使用する車の空き時間で訪問日を調整し，大学までの送迎をする
インターンシップ	・学生は「one dayインターン」など希望に応じて日数を設定し受け入れを調整する ・施設は，状況に応じて1日～数日のインターンシップを受け入れる
採用試験	・学生は授業の都合等を考慮し，可能な日時を施設と打ち合わせる ・施設は，学生の移動の負担を考慮し，大学にて採用試験・面接を実施する。実施に当たっては，大学のキャリアサポートセンター等が支援する
内定	・後日，施設から学生へ結果が通知される

（出典）筆者作成

る福祉の現場では，ヒューマンスキルも必要になってくる。このヒューマンスキルは，ホスピタリティとも関係することから，毎日の小さな関りの積み重ねが重要となる。施設職員の個人のタレントだけではなく，交替時のホウレンソウ（報告・連絡・相談）など技術的なものがあってこそ，ホスピタリティは支えられるものである。利用者理解を深めラポールの形成を築き上げるには，小さな技術の積み重ねである。福祉の人材育成には，タレントだけでなく，そのようなテクニカルな研修とシステム，そして職員同士のブラザー・シスター制度のようなサポートも必要である。

　上記にも述べたように，近年，採用にも変化が出てきている。人材確保に悩む施設は，学生の事情に寄り添った独自の採用方法をとる工夫もなされている。

　このように，福祉の現場では，今後もダイバーシティ経営を目指し，

139

採用方法も研修スタイルも多様化させ，人材育成をはじめ，自社の研修の方法も見直し，人員の確保および離職率の低下を目指している。

7-3.海外の企業における人材確保と人材育成

1.タイの事例

タイの労働政策としては，労働者への再就職支援のための施設「ジョブセンター」を全国86か所に設け，職業紹介や職業相談をしている。また，若年者が学生のうちからパートタイムの仕事に参加することを推奨し，労働市場に参加する前の能力形成を推進している。しかし，低学歴の労働者は小学校中退者や無就学が労働者全体の30％を占め，労働力の質が問題となっている。これに対処するために，「休暇労働プログラム」や「職業訓練プログラム」が導入されている。

タイに進出している日系企業の現状や課題としては，日本企業の進出も著しく，様々な雇用課題を生み出している。日本との経済的なつながりは，年々強くなり，日系企業も日本人の就労者も増えている。進出に関連した問題点としては，従業員の賃金の上昇や，コスト面での競争相手の増加，現地人材の能力・意識幹部候補人材の採用難などが挙げられている。

具体的には，下記のような問題があげられた。

①**現地の就業者は，企業にこだわりはなく数バーツ単位の賃金の差でも転職をする**

労働者の確保が難しい中，わずかな賃金でも労働者が他企業へ転職をするという企業の悩みもある。このような中，2012年にはタイの最低賃金が全国一律で40％引き上げられ，1日300バーツとなった。法定最低賃金の引き上げで，企業のコストは上昇し，また，この賃金

140

第7章　人材育成とダイバーシティ

の上昇はアジアの他国への影響も出てくることを企業は懸念している。

②急激な日系企業の進出で日本人スタッフが足りていない

　この問題に関しては，大手企業や中堅の中小企業の進出はほぼ終わり，それらを追いかけるように日本国内の零細の中小企業が進出をしていることもあり，また零細の中小企業は特に「ヒト・モノ・カネ」の調達に苦労をしながら現地進出を何とか成功させたいという思いが強いこともあり，現地での日本人スタッフの不足に悩んでいる。労働需要のミスマッチは，失業率の悪化を招く恐れもあり，今後の動向が注目される。

　これまで，一次産業従事者が40％を超えるタイでは，リーマンショック期間に田舎に帰った労働者が景気回復後なかなか製造現場に戻ってこず，日系企業は労働者確保に苦労した。また，2011年の洪水から逃れたタイ東部では企業の進出が集中したため，企業は労働者確保に苦労した。バンコク日本人商工会議所が2012年に実施した「必要とする人材」では，製造業で最も多かった回答が「エンジニア」（63％），次いで「マネージャー」（57％），「ワーカー」40％であった。

　こうした中，定期的に人材情報誌を日系企業各社に配布をしている人材紹介企業もある。これは，人材の紹介だけでなく，現地日本人スタッフの生活を応援する内容のものも含まれており，家族の支援や子育て中の日本人の支援の情報など様々なサポートを試みている。

　人材の紹介については，日本からのエントリーを受けて希望者のエントリーシートを企業に配布してマッチングを図っている。希望者の年齢層は20代〜50代であり，実際にタイや他国で働いていた若手管理職等が日本へ帰国してから転職するケースもある。また，最近の傾向としては，新卒者が国内での就活を選択せずに海外へエントリーするケースも

141

増えているという。それでも日本人スタッフの数が足りていない状況である。

　また，タイ国内の大学と日系企業のマッチングも行われており，各大学からどのような人材が巣立つのか文系・理系の人材の情報を詳細に記述し，冊子にして各社に情報を提供している。日系企業と現地労働者のマッチングに際しては，転職・離職理由が「やりがい」や「人間関係」ではなく，「給与」重視という傾向が強いということも特徴的なことであった。

2. シンガポールの事例

　2012年5月にシンガポール政労使の代表で組織する全国賃金評議会（NWC）が賃金のガイドラインを発表し，企業に対して前年に引き続き賃上げを勧告した。特に低所得者層（基本月給1,000シンガポール・ドル以下SD）へは，少なくとも50SDの賃上げを勧告するなどの具体的な数値目標を示し，低所得者層への支援を強く打ち出している。また，労働者の確保難と賃金高騰はシンガポールでもあり，進出している日系企業にも影響を与えている。

　シンガポールでは，ここ数年日系企業の製造拠点ではなく営業拠点としての進出および組織の転換が著しい。これには，シンガポール政府独自の企業への様々なインセンティブが設けられているためである。

　シンガポール国内の人材の確保については，民間住宅建設や，2030年に向けての大量高速鉄道（MRT）網の拡張計画などがあるため，公共工事なども建設受注を牽引している。シンガポール国内の雇用については，先進国を中心とした世界の経済失速に伴い，外部需要が影響する製造業の低迷は続いているが，外国人の雇用抑制策をとっていることから，雇用市場が悪化する状況はなさそうである。また，産業の高度化，知識集約型経済への移行を至上命題として外国資本を積極的に誘致して

いる。また，高度な専門知識を有する人材の不足に対応するために，外国人の活用も国家政策としている。

シンガポールを訪問して取材したA社では，製造業で進出してきたがシンガポールでのメリットを活かすためにシンガポールをハブ化して営業拠点へと転換をしてきている。近隣で製造を行い，シンガポールは地域統括の拠点として機能させるようにしている。また，シンガポールに製造業として進出してきた理由には，インフラの整備が十分であることもあり，今後，近隣東アジア諸国のインフラ整備も見極めて進出していきたいとのことだった。シンガポールでは，女性の労働環境が比較的整っていることもあり，企業によっては，メディカル休暇，マタニティ休暇（3か月）などもある。キャリア・ストップしても専門家として仕事を構築してきた女性も多く復職しやすい環境にある。

また，B社でもシンガポールのパイオニア・インセンティブ（5年間免税）を活かしシンガポールを営業拠点とした地域統括型の組織を目指している。東アジアのハブを目指し，管理統括部門をシンガポールに置くことになるので，システムエンジニア等のスタッフがほとんどとなる。10名のスタッフのうち，5名は日本人で5名はローカル採用である。採用には，外国人採用に規制がかかっているため，ローカルを雇うことが多い。地元大学の学生は優秀で即戦力となるため，新卒採用で雇う企業は多い。ローカル採用に関しての課題は，給料と勤務場所を重視する傾向にあるため離職されないよう環境を整える必要があるということだった。ローカルの20代の若者は，日本の若者に似た特徴があり，人間関係が上手く築けない時や，自分の興味のない仕事を与えられると離職につながるケースもあるという。また，仕事に対して受動的なところもあり「指示待ち」が増えているのが最近の傾向だということだった。

143

3. 展望

　筆者は長年にわたり，東アジアの人材確保と育成の状況について各国を調査してきたが，共通している課題が多いことに特徴がある。まず，日本人が暮らすためのインフラでは，日本人が現地で暮らすことについても，単身赴任か家族連れかで生活スタイルは大きく変わってしまう。とくに子どもが中学生になるころに日本での教育を望む親も多いため，子どもの年齢により単身赴任になる社員が多いことがわかった。また，国によっては政治や経済に不安定な状況もあり，家族があまり外出できないことにストレスを感じている社員も少なくはない。異国で社員がパフォーマンスを十分発揮できる環境を整えるためにも，家族への十分なサポートも不可欠となってくる。企業によっては，赴任前から赴任後も家族の様々な問題をサポートするために，生活のためのアドバイザーやコーディネーターを外部に委託している企業もある。

　また，日本国内と違い，企業内でなかなか行きわたらない5S（整理・整頓・清掃・清潔・しつけ）や「ほうれんそう」（報告・連絡・相談）については，OJTなどでの各企業の努力が見られた。異文化の中で，日本的な人材育成をどう企業文化として根付かせるか，経営品質という課題にどう取り組んでいけるか，入社前の訓練校の開校をはじめ，人材育成のプログラムも開発されている。しかし，海外に進出した中小企業では，駐在員も少ないため，人材育成までなかなか手が回らないのが現状でもある。

　一方，日本では，2016年8月に「働き方の未来2035：一人ひとりが輝くために」懇談会が出した「働き方の未来2035」報告書によれば，「2035年には，多様な人材が日本で活躍することが期待されている。教育もそのような多様な人材の多様な状況に合わせて，木目の細かいものにしていく必要がある。特に今後増えていくと予想される，外国人人材，そしてその家族等に対する教育のあり方も考えていく必要がある。」

と書かれている。すでに，国内の様々な分野において活躍している外国人も多い。今後は日本の医療現場でも増える可能性がある。そのため，人材育成と一言で言っても，今後はますます多様な分野に多様な人材育成が必要となるであろう。

7-4. コロナ禍での就職活動とダイバーシティ採用について

「リーマンショック」の時とは違う経済停滞「コロナショック」が世界を駆け巡った。「リーマンショック」は，いわゆる金融危機と言われ，日本国内でも企業の雇用の調整弁だった非正規社員や派遣社員は雇用を打ち切られる形となった。「コロナショック」は，世界中のインバウンド消費を奪いサプライチェーンも混乱させ，日本でもその経済的打撃は計り知れない状況となった。厚生労働省の発表では，新型コロナウイルス感染拡大に関連した解雇や雇止め，失業予備軍とされる休業者は，リーマンショック以上となり，世界の景気の後退となった。この「コロナショック」における若年者の就職活動の状況や企業の採用に伴う課題などを事例に，ポストコロナ社会における採用についてダイバーシティの視点から述べる。

近年，日本の企業は国際競争の激化で，商品開発のスピード化を迫られ，技術の高度化・多様化による開発コストの上昇，人材の確保など様々な問題を抱えていた。技術革新，ビジネスのグローバル化や少子高齢化の進行など，産業や労働を取り巻く環境は大きく変貌し，IT化や業務の多様化・効率化により，労働市場における就業者に求められる能力も速いスピードで変化している。企業や労働者を取り巻く近年の急激な環境の変化は，職場のストレスを増大させ，若者のメンタルヘルスの問題もクローズアップされている。私たちを取り巻く社会や産業構造の変化は，労働者の心理・精神面にも大きな影響を与えているといえよ

145

う。バブルがはじける前までは1〜3か月も行われていた新入社員研修は，バブル崩壊後にはほぼ無くなっていたのだが，新型コロナ感染拡大の前年までは徐々に戻りつつあり，以前のような充実した新入社員研修のスタイルが定着しつつあった。

　これまでインバウンドが好調だったこともあり，将来の観光産業を担う外国人留学生も増えていた。政府は国内の人手不足を解消する施策として外国人労働者の増加を目指してきた。新たな在留資格の創設など，外国人労働者の労働環境の整備も進めていたところだ。こういった背景から，日本での外国人留学生も順調に増えてきていた。このような中，経済産業省では，平成29年度に開催した「我が国産業における人材力強化に向けた研究会」において，これまで以上に長くなる個人の企業・組織・社会との関わりの中で，ライフステージの各段階で活躍し続けるために求められる力を「人生100年時代の社会人基礎力」と新たに定義した。

　人生100年時代に向けて順調に動き出したところだったが，今回の新型コロナ感染症が日本経済に与える影響は大きく，働き方も需要も変化している。特にインバウンド需要は日本だけでなく世界的に縮小した。インバウンドだけでなく，ステイホームとなった緊急事態宣言から，営業再開後でも，新しい消費スタイルへと人々の需要が変化したことで，様々な業種に危機が訪れた。特に飲食業での倒産が目立つ中で，飲食のサービス業の休業や倒産は，サプライチェーンである卸売・製造業・農業にも影響を及ぼした。

　そのため，企業の採用活動は縮小され，人数はコロナ禍で減少しており，求人件数も減少となった。また，対面の企業説明会が無い中で，オンライン企業説明会が実施された。企業の売り上げ不振に加えて，世の中は「歴史が加速した」とも言われ，企業はオンライン化するスピードに対応するために人材へも環境へも投資しなければならなくなった。

【図7-6】経済産業省「人生100年時代の社会人基礎力」

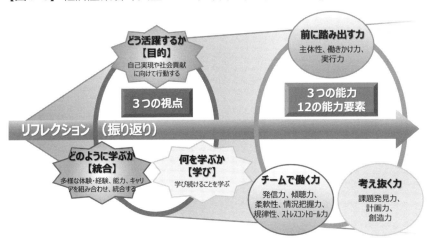

（出典）経済産業省「人生100年時代の社会人基礎力」説明資料

　アパレルでは，店舗からオンラインへと販売を切り替え，宝飾業界も一部オンライン接客へと切り替えて対応し始めた。来店型のビジネスはコロナ禍で特に苦境に立たされることとなった。広告印刷業界においても対面のコミュニケーションが減り，オンラインとなることで紙媒体の依頼は減少傾向にある。大学でもオンライン授業となり，紙媒体の需要が減ったところは多い。

　一方，オンラインやリモートによる動画制作などは多くの需要が見込まれた。対面ではし辛くなった採用活動や研修動画などの制作依頼も増えて，現在では，在宅やリモート営業，オンライン接客などは，時間と共に新しい日常として定着してきた。

　そのような中，企業の採用環境，学生の就職活動環境は大きく変化した。オンライン環境やスキルが十分ではない学生もいる中で，企業はオンライン面接，オンライン・グループディスカッション，オンライン試験などを実施する。学生はこれらに対応していかなければ就職内定には

至らない。しかし，企業側もオンライン採用となり，当初は戸惑っている企業も多かった。コロナ禍では，大学も企業と共に採用活動，就職活動を模索しながら進まなければならなくなっていた。

　これまで思うように採用が進まない企業は，多様な採用方法と多様な人材の確保へとシフトし始めた。コロナ前には戻れない，戻らない方向転換を戦略として打ち出していく。採用面接も最終役員面接以外は対面で無くなったことなどで，これまで就職活動で金銭的に負担が大きかった地方の地理的弱者であった学生の就職活動が活発になった。企業は全国から多様な人材を採用するチャンスが増えた。都会中心だった採用も，オンラインという方法で地方の多様な学生を採用できるようになり，ダイバーシティ採用という言葉が企業から聞こえるようになった。これまでは，企業風土に合う人材，組織文化に合う人材にこだわる企業もあった。しかし，急激に変わる環境の変化に柔軟に対応するためにも，似たような価値観の人間ばかりの集まりで乗り越えられるのか，変革が起こせるのかといった危機感も出てきた。多様な価値観を持った人材の集まりでイノベーションを起こそうとする試みや，性別や人種を超えたダイバーシティ採用を目指すことで，危機を乗り越えようとする企業も現れた。企業も大学も今後は，ダイバーシティ採用だけでなく，あらゆる採用方法の可能性と就職支援を共に探っていかねばならない時代となる。

［引用参考文献及び参考URL］
・E.H.シャイン著，稲葉元吉・尾川丈一訳（2002）『プロセス・コンサルテーション』白桃書房
・E.H.シャイン著，尾川丈一・片山佳代子訳（2004）『企業文化　生き残りの指針』白桃書房
・E.H.シャイン著，二村敏子・三善勝代訳（1991）『キャリア・ダイナミクス』

白桃書房
- E.H. シャイン著，金井真弓訳（2009）『人を助けることとはどういうことか』英治出版
- E.H. シャイン著，伊丹敬之（2005）『場の論理とマネジメント』東洋経済新報社
- 伊丹敬之・西口敏宏・野中郁次郎（2000）『場のダイナミズムと企業』
- 江口匡太（2010）『キャリア・リスクの経済学』生産性出版
- 木村周（2010）『キャリア・コンサルティング　理論と実際』社団法人雇用問題研究所
- 「産業カウンセリング研究」編集委員会（2010）『産業カウンセリング研究 Vol.12 NO.1 Mar.2010』日本産業カウンセリング学会
- 厚生労働省『令和2年度「高齢者虐待の防止，高齢者の養護者に対する支援等に関する法律」に基づく対応状況等に関する調査』
- JILPT（2007）『若年者の離職理由と職場安定に関する調査』
- 東大社研・玄田有史・中村尚史（2009）『希望学2　希望の再生』東京大学出版会
- 日本介護福祉士会（2012）『日本介護福祉士会　倫理基準（行動規範)』
- 日本キャリア教育学会（2011）『キャリア教育研究　第30巻』
- 日本キャリアデザイン学会（2011）『キャリアデザイン研究　Vol.6』
- 日本経済団体連合会（2020）『経営労働政策特別委員会報告』
- 日本コミュニティ心理学会（2007）『コミュニティ心理学ハンドブック』東京大学出版会
- 日本生産性本部（2011）『2011年度新入社員秋の意識調査』
- ハーバード・ビジネスレビュー編集部編訳（2009）『動機づける力』ダイヤモンド社
- 松尾睦（2006）『経験からの学習』同文館出版
- リンダ・グラットン（2012）『WORK SHIFT』プレジデント社
- 渡辺三枝子（2007）『キャリアの心理学』ナカニシヤ出版
- 経済産業省「ダイバーシティの推進」
https://www.meti.go.jp/policy/economy/jinzai/diversity/index.html　2022.6
- 経済産業省「社会人基礎力」
https://www.meti.go.jp/policy/kisoryoku/index.html　2020.8
- 厚生労働省HP　http://www.mhlw.go.jp/　2012.12

・JETRO日本貿易振興機構ホームページ
　http://www.jetro.go.jp/world/asia/reports/07001496　2016.5
・総務省統計局HP　http://www.stat.go.jp/　2012.12
・大学スポーツコンソーシアムKANSAI（KCAA）2020年4月13日発表
　https://www.kcaa-jp.org/post/20200413　2020.8
・帝国データバンク2020年8月7日発表
　https://www.tdb.co.jp/tosan/syukei/2007.html　2020.8
・日本銀行HP　http://www.boj.or.jp/　2016.6
・ひょうご経済プラス
　https://www.kobe-np.co.jp/news/keizai/202008/0013575815.shtml　2020.8
・マイナビ「2022年卒大学生インターンシップ前の意識調査」2020年7月16日
　発表
　https://www.mynavi.jp/news/2020/07/post_23908.html#:~:text　2020.8

第8章
組織とリーダーシップ

8-1.はじめに

　この数年,「リーマンショック」の時とは違う経済停滞「コロナショック」が世界を駆け巡った。「コロナショック」からいうと,「リーマンショック」は,いわゆる金融危機と言われ一部の分野が大きく低迷する形であったが,「コロナショック」は,世界中のインバウンド消費を奪い,サプライチェーンも混乱させ,日本でもその経済的打撃は計り知れない状況であった。2022年の厚生労働省の発表では,解雇や雇止め,失業予備軍とされる休業者から,リーマンショック以上の景気の後退が数字として出てきていた。企業は,戦略変更を迫られ,組織構造の変更も迫られた。

　近年の国際競争の激化で,日本の企業は商品開発のスピード化を迫られ,技術の高度化・多様化による開発コストの上昇,人材の確保など様々な問題を抱えてきた。さらに「失われた10年」で採用をうまくできなかった企業は,将来を担う幹部が社内に十分にいない,あるいは育っていないという問題も抱えている。技術革新,ビジネスのグローバル化や少子高齢化の進行など,産業や労働を取り巻く環境は大きく変貌し,IT化や業務の多様化・効率化により,労働市場における就業者に求められる能力も変化している。

　「パワーシフト」と呼ばれる近年は,中国・インドをはじめとする東アジア諸国の経済発展が急速な勢いで進み,日本は,アジア諸国との技術・コスト面での圧倒的な競争力を前に,2次産業においては国内生産の縮小を余儀なくされ,生産拠点の海外進出も進み,国内雇用の喪失にもつながってきた。このような,グローバル化や就業構造・雇用慣行の変化は,新たに雇用や労働をめぐる課題も生み出した。

　昨今の感染症がもたらした大きな環境の変化を始め,私たちを取り巻く環境は速いスピードで変化し予測不可能な影響を組織にもたらしてい

152

る。組織や個人は，外部環境の影響で大きな変化を強いられる中で，継続的・安定的な経営のためにも柔軟な組織運営や個々のリーダーシップの重要性は高まってきている。ここでは，組織の重要性とリーダーシップの重要性について総括的に述べていく。

8-2. 組織とは

大企業や任意団体，地域の活動など小さな集まりまで，組織はいろいろな形で存在する。そして，それぞれに役割を果たしながら組織は機能している。

組織について金井壽宏の『経営組織』を参照し体系的に見ていくと，組織論には，ミクロ組織論とマクロ組織論がある。ミクロ組織論は，心理学を中心にモチベーションやグループダイナミクス，集団力学について研究されている。マクロ組織論は，社会学を中心に環境適応論や組織機構論，組織構造論について研究されている。

組織のとらえ方としては，以下を参考として紹介する。

①ハコ組織‥‥組織図に表されるようなフォーマルな経路
②インフォーマルなネットワーク‥‥ハコを組織の骨格とするならこれは神経系
③協働の体系‥‥共通の目的に向かって主体的選択により協働
④多元的重複集団‥‥重層的に重なった諸集団
⑤情報処理システム‥‥不確実な環境に対応していくための情報処理システムとしての組織
⑥知識創造の母体‥‥暗黙知を他の人々に伝える場としての組織
⑦資源の束‥‥資源の束の組み合わせ，活用の仕方により組織のダイナミズムやコンピタンスが生まれる

153

【図8-1】経営組織

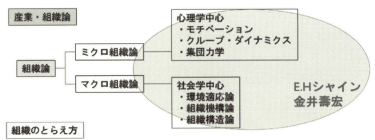

(出典) 金井壽宏『経営組織』を基に筆者作成

⑧生涯発達の場‥‥生涯にわたってキャリアを歩みながら発達していくために提供される舞台
⑨政治システム‥‥政治的な駆け引きの過程が生じる場
⑩センス・メイキングとしての組織化‥‥不断の組織化の過程

　これらは，組織内の個人や集団の行動を分析する学問であり，組織の行動理念にもつながる。組織の運営や組織の構造に関することを解明することは，組織の生産性を向上させ事業成果を向上させることにも繋がる。また，内部の人間関係やリーダーの影響などを曖昧になりがちな問

いへの回答としても参考となる。その中でリーダーは，組織にどのような特性を持った個人がいるかを知り，そのうえでリーダーシップや行動力が求められる。

　組織論については，組織のリーダーや管理職を育成するための概要として参考にしていただきたい。

　組織は，企業側の視点で見ると組織の利益の最大化というところがある。社員からすると部署や職務内容に応じて様々なスキルや知識を身につけることができる。組織は，人の成長にも影響を与え，組織構造と人的資源は共に影響を与え合うという側面がある。

8-3. 組織の役割

　現代のビジネス環境においては，組織は迅速な意思決定や柔軟な対応能力を求められる。企業では，「ダイバーシティ・マネジメント」という考え方のもと，組織内のダイバーシティを高めようとする動きもあり，誰もが自分らしく働くことのできる，働きやすい組織の醸成を促し，組織の活性化や競争力の向上を図ろうとしている。そのためにも，組織は企業の目標を達成するために必要な枠組みとなり，組織全体のパフォーマンスに成果や影響を与えるのがリーダーシップである。

　私たちは，何らかの形で様々な役職や立場で組織に所属している。組織に所属することで一人ではできないことを成し遂げている。組織において，サービスや商品の円滑な提供は組織の構造にも関係してくる。下部の組織では，他部署とのコミュニケーションを図りながら部分最適を検討し，そのリーダーや上部の組織は組織の目的を考え，全体最適を視野に入れ動いている。その中で，組織やリーダーが抱える課題として，組織の中の個人がある。金井によると，「部門間異動や出向などの組織内水平異動，専門職としてのキャリア発達，早期退職やアウトプレース

155

【図8-2】マズローの「欲求5段階説」

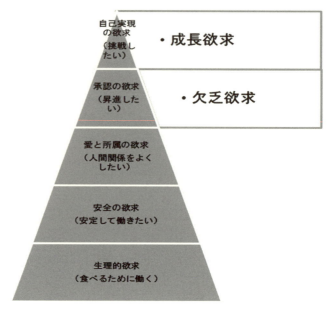

(出典) マズローの「欲求5段階説」を基に筆者作成

メントなど組織外のキャリアの展開，契約社員，再雇用制度などの任期付雇用など，ゼネラリストに限らない非従来型のキャリア・コースの問題。いわゆるバウンダリーレス（組織と組織の間の境界を超える生き方，働き方）・キャリアに向けて，時代の要請にどのように対応するのかという問題。」（金井1999）というものだ。この問題については，「社内の流動化を超えてさらに推進するには，社会全体のなかで雇用の在り方を見据えて，キャリア・デザインの在り方を考え直していかないと十分に対応できなくなる。」と言っている。

　組織の中で，もし情報や選択肢が不十分で表面的で不確実のようなことがあれば，私たちは仕事をうまく遂行できなくなる。組織の問題は，個人の問題と切り離すことはできず，個人の成長にも関わるものであ

第8章　組織とリーダーシップ

る。実際に組織と個人の関わりについて図8-2から見ていく。

　図8-2は，多くのクライアントから働くモチベーションを聞き取る中で，出てきた言葉を当てはめるための枠組みとして，マズローの「欲求5段階説」を使用したものである。

　シャインは，『キャリア・ダイナミクス』の中で，「相互受容」は，新従業員と雇用組織の関係がより明確に定められてくる一つの主要な変わり目であり，各種の象徴的および実際の出来事を通じて「心理的契約」が形成されるとしている。従業員が組織をどのように受け入れるかについては，心理的契約とは，「組織に留まる決定，従業員が組織及びその雇用条件を受け入れる合図。」であり，「辞める決定をする従業員は，心理的契約の再交渉が出来なくなるほど後まで仕事状況の真の受容について口をつぐんでいる必要があるとみなしている。」（シャイン1991）としている。

　上司や部下，同僚との人間関係がうまく構築できない場合，心理的契約の再交渉つまり今後についての相談ができず辞める選択をとることに繋がる。「安定して働く」ことや「食べるために働く」ことより「人間関係」でつまずいた場合，いきなり離職に繋がる状況があることがこのことから確認できる。また，組織の中でのモチベーションとの関わりについては，「高いエネルギー，長い労働時間時間外労働をいとわぬ自発性，および明白な仕事への熱意，によって示される，一層目に見えるるるし。」であり，「人々が仕事に掛かり合う程度は様々であって，仕事への掛かり合いが低い者が良い仕事をし，自分の仕事状況を受け入れることもありうる。組織が，きわめて仕事熱心な個人を他の全ての者の判定の基準として使うこと，また，さほど多くの関わり合いを示さない者はそれゆえ動機づけを持たない，あるいは組織にいないと仮定することは誤りである」（シャイン1991）としている。

　これを，マズローと合わせてみると，3段階目の「人間関係」の満足

157

や「安定して働ける」満足でも、組織を受け入れていることがわかる。つまり、上位に位置している社員より下位の欲求の中にいる社員の方が会社の中では良い仕事をしているかもしれないということが推察される。たとえば、このモチベーションは、中途採用で入ってきた子育ての終わった女性と新卒で入った社員との違いに見られる。中途採用で入ってきた女性は、パート段階の「食べるために働く」から正社員登用されると「安定して働きた」ということに上昇してここに位置している。しかし最初から「安定」が約束されていた場合、「人間関係」もしくはこのさきの「昇進」へと意識が移ろうとするときに、自分の感じた障壁を乗り越える手段を持たないと心理的契約の再交渉は不能になる。

　また、シャインは別の場面でも、「各種の束縛・遅延・嫌な仕事これらを一時的としていとわぬ自発性は従業員受容の合図。上司は、そうした受容がおそらく暫定的であり、もし約束の報酬が与えられないなら、心理的契約は破られて、従業員の関わり合いの喪失、怒り、そしてもしかしたら辞職の決定を導くかもしれないことを、充分わきまえていなければならない。」（シャイン1991）と言っている。組織において、上司は部下の自発性を見誤ると、組織は機能不全となる。

　これらのことを回避し組織を機能させるための取り組みの一つとして、アメリカの企業では、人事担当者が働きながら大学院で「キャリアカウンセラー」の資格を取得している。彼らは社員からの日々の相談のみならず、異動の際の転籍への不安等の事例にも対応し、十分なカウンセリングを行っている。また、企業外のキャリアカウンセラーもおり対応できる仕組みのある企業もある。

　ハーズバーグの「動機づけ・衛生理論」を組織に当てはめて説明すると、①動機づけの要因は内側から起こるもの②衛生要因は外から与えられるもので、機能している組織では、①（責任、達成、承認等）仕事に対して責任を与えられている、やりたいことが尊重されている、上司が

158

見てくれている②（給与，人間関係，条件等）給与，職場の人間関係が良い，福利厚生，などの安心感がある。このように，昇進や新しい仕事にチャレンジするための仕組みがあったり，異動や昇格において給与などでの安心感がある組織は，この理論に当てはまることがある。

8-4. 組織文化と組織構造

　組織文化とは，組織構成員に共有される共通の価値観や信念，組織として大事にしているもののことである。暗黙知などのように基本的な前提となる部分でもある。組織文化のプラス面は，一つには，共通の前提があるため組織のコミュニケーションが円滑になったり，意思決定が迅速化されたりする。マイナス面では，価値観や理念が優先されるあまり，環境変化への適応が遅れ，組織の変革時に障壁となることもある。

　ここで，組織文化と組織構造については，二通りの考え方を紹介する。一つはアンゾフの唱える「戦略は組織に従う」であり，ここでいう「組織」とは「組織文化」のことである。もう一つは，チャンドラーの唱える「組織は戦略に従う」で，ここでいう「組織」とは「組織構造」のことである。外部環境だけではなく自社の組織文化をも見据え，それらに従って戦略を立てるというものである。そのうえで，自社の戦略に合う組織構造を設計しなければならない。組織の構造においては，戦略に合わせ分業や調整が行われ，専門化を進めやすい。組織がさらに大きくなると組織はますます細分化され階層化されていく。ラインやスタッフ，機能別組織，事業部制組織など企業の戦略に合わせて構造が変えられることとなる。

　組織文化とは，組織にとって重要な価値観や慣習，暗黙知となり，長い時間をかけて醸成されてきたものである。考え方や判断の基準ともなるものである。あなたの企業の文化を考えるとき，①他社と入れ替える

159

ことができないもの，②企業の歴史や事業の特性で醸成されてきたもの，③時間のかかるもの，④変えられないもの，だということに気が付くだろう。社員の思考や行動の中心となり，受け継がれてきたものであるため，醸成にも変化にも時間がかかるものだからこそ，中核をなす価値観になっている。他社が簡単には模倣できないからこそ，強みにもなり競争優位の源泉ともなるものである。変えるのに時間のかからないものは模倣しやすいが，会社の歴史や事業の特性を受けて時間をかけて醸成されたものは，簡単にはまねされることはない。

　この文化がどうやって醸成されてきたかは，歴史や事業の特性はスタートに過ぎず，その後の醸成に関わるのはあなた自身であることを知ってほしい。日頃の上司の判断や行動，言動に影響を受けたあなたは，そこから暗黙のルールや判断基準や空気感を学び，考え方の基準ともなり，社内の他のメンバーにも影響していく。これらの繰り返しでその思考や行動の様式は強化されていくのである。職場のリーダーの言動や行動は，組織の文化にも大きな影響を与えるのである。

8-5. 組織のマネジメント

　組織の中で人を動かすオプションには，どのようなものがあるか。たとえば，日頃から部下に動いてほしい時，日常のコミュニケーションをとる，指示を明確に出す，マニュアルを渡して指導するなど様々な取り組みが考えられる。また，職場に人員が不足したら採用活動をし，その後，研修を経て配置を行う。また，どの職場にも企業理念や社是，社訓が掲げてあり，明確な中長期計画やビジョン，計画がある。これらは，組織の中で人が動く時の指針となり行動規範となり目標とするもので，人を動かすオプションである。

　理念や計画，人事制度，組織の権限，マニュアルなどは，紙ベースで

160

【図8-3】マッキンゼーの7S

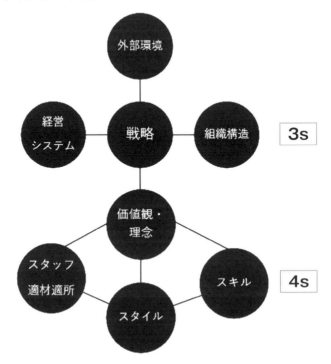

(出典) マッキンゼーの7Sを基に筆者作成

私たちの目に見えるものである。一方，組織文化や慣習，リーダーの言動や行動は，必ずしも目に見えるものでは無い。これらの目に見えるものと目に見えないものがうまくかみ合い組織は動いている。

　組織のマネジメントを捉える仕組みとして，マッキンゼーは7つの要素を提唱している。マッキンゼーの7Sとは，戦略・組織構造・経営システム（目に見える3S）と共通の価値観や理念・スキル・スタイル・スタッフの適材適所（目に見えない4S）である。これらの7つがそれぞれに影響しあい整合性が取れていれば，組織は機能しているというものである。

この図8-3でもわかるように，外部環境の変化により組織は戦略の変更を求められる。実際のところコロナ禍では，戦略変更を大きく求められた組織は多かったと推察する。変更する戦略に応じたシステムや組織の構造も求められる。できる戦略はあるし，他者の戦略を真似することもできる。しかし，全体の整合性は取れるのか。組織として醸成してきた「何のために・誰のために」という価値観や理念は，簡単に変更されるものではない。では，変更される戦略は組織の理念に合っているのか。それこそが整合性という考え方である。組織としてうまく機能している場合は，7Sの整合性が取れていると言われる。

たとえば，非上場から上場に変わるときには，若干の価値観や理念の変更は出てくるかもしれない。これまでのオーナーのトップダウンから脱却しなければならない時は，組織の文化も変わるかもしれない。しかし，歴史や事業特性により醸成された大事な経営哲学は，簡単に変わるものではない。リーダーは，組織をマネジメントしていくにあたって，外部環境の影響により，組織に大きな変更を求められる時こそ，何を変えて何を守るかを峻別し，組織が機能するように整合性を求めなければならない。

8-6.リーダーシップの種類と役割

リーダーシップの定義として，ドラッカーは①リーダーシップは使命を示し目標を達成する仕事，②責任を負うポジション，③付いてくるフォロワーがいること，としている。

リーダーシップ理論の変遷としては，1900年代から研究された特性理論がある。この頃の研究では，有能なリーダーの特性について研究され，リーダーは生まれつき才能や資質があると考えられた。「リーダーは生まれつきである」という考え方である。1940年代ごろからは，有

162

能なリーダーの行動について研究され行動理論が主流となる。行動理論では，リーダーシップは生まれつきではなく，リーダーの行動によって発揮される，育成可能であるという考え方である。その後，1960年代になり研究され始めた条件適合理論がある。その中でも代表的な理論は，R・ハウスが提唱した「パス・ゴール理論」である。この理論は，サッカーのパスとゴールにたとえられ，リーダーは，部下に適切なゴールを見せ適切なパスを送ることで，組織の成果を上げるようリーダーシップを発揮することが重要であるとしている。

　近年の主流となっているこの理論は，リーダーは，どのような状況にあり，どのような部下がいるかを理解し，ゴールへの道筋を示すというものである。環境が大きく変わった時，これまでと違うゴールになったことをリーダーが部下に気付かせることができなかった場合，部下は混乱したまま間違ったゴールへ進んでしまう。そのためにもリーダーは，常に変化する環境要因を捉え，適切なゴールへの道筋を支援しなければならない。この時，部下を導く時のリーダーの行動として，4つの行動パターンがある。

　たとえば，部下に新入社員が入ってきた場合，リーダーはどのような行動を取るだろうか。背中を見て学べとは言わないだろう。書類一つから始まり，説明して指示を出すだろう。やがて仕事を覚え成長してきたら，指示の出し方も変わり，困った時に支援するような方法を取るかもしれない。部下に精鋭が配属されたときは，どうだろう。新入社員と同じように一から指示を出すだろうか。おそらく，リーダーは意識せず日頃からの状況や部下に合わせて関わり方を自然に変えているだろう。これがいわゆるリーダーの行動パターンである。次に4つのパターンを紹介する。

①指示型‥‥メンバーに期待することやスケジュールなどを具体的に指

【図8-4】ハウスの「パス・ゴール理論」

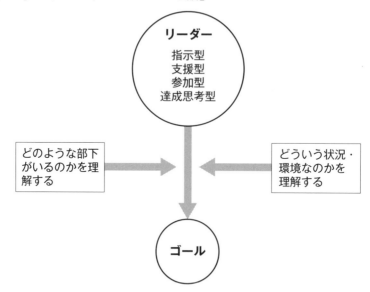

(出典) ロバート・J・ハウスの「パス・ゴール理論」を基に筆者作成

示する
②支援型‥‥信頼をベースにメンバーの考えや意見を尊重し必要に応じて支援をする
③参加型‥‥相談しながらメンバーの案も活用する
④達成思考型‥‥困難な目標に向かって,メンバーに全力を尽くすことを求める

　環境によってリーダーのとる行動は変わり,目指すゴールも変わる。部下の成長度合いによってもリーダーの行動は変わってくる。現在の主流なリーダーシップは支援型と言われ指示・命令ではない組織の在り方である。
　リーダーの役割は,組織に求められている短期的な結果を出すととも

に，部下の中長期的な人材育成に貢献し，部下の働きやすい環境を整えることも重要である。部下の労働環境に関しては，リーダーの影響は大きい。『一兆ドルコーチ』の著者であるビル・キャンベルは，「マネージャーは肩書が作る，リーダーは人が作る」と言っている。リーダーは，フォロワーがいると同時に，次のリーダーを育成することも重要である。

　たとえば，非常に仲の良い2人がチームを組んで仕事をしたとき，阿吽の呼吸で仕事は早く終わるか，それとも会話が弾み仕事は遅くなるか，2人が残業続きだとどうなるか。リーダーは，2人が残業続きだということを把握しているだろうか。

　経営資源（ヒト・モノ・カネ）において，ヒトは感情や意思を持つものである。仕事が忙しく残業続きであったらどうだろう。組織の望むような働きをしてもらえるだろうか。環境の変化が激しい時代だからこそ，経営も組織も望むような動きをしてもらうために，ヒトのマネジメントはますます重要となっている。

　リーダーシップ以外にも，組織が成果を出すためには「シェアドリーダシップ」「フォロワーシップ」などがある。「シェアドリーダシップ」は，組織のメンバー全員がリーダーとなる考え方であり，「フォロワーシップ」は，組織のメンバーがリーダーを信頼してリーダーやメンバー互いを支援することである。

8-7.リーダーシップの重要性

　高校生や大学生に行っているインフォーマルアセスメントによる結果では，ここ数年大きな変化が一部見られる。働くうえで大事にしたい価値観は何かという質問に「家庭と両立」を選ぶ若者が増えてきた。この増えてきた若者は，男子である。10年前は「家庭と両立」を選ぶ男子

165

はいなかった。ここ数年は，毎回2～3割の男子が選んでいる。このような学生が新入社員として部下に入ってきたとき，この価値観は上司には見えない部分である。この10年の若者の変化を見ると，リーダー側が考えるべきことも変わってくる。また，2021年コロナ禍において日本生命保険が行ったアンケート調査（7774人回答）では，「飲みにケーション不要」と答えた人は全体の62％で，理由としては，「気を遣う」「仕事の延長と感じる」「お酒が好きではない」となっており，20代までの人の回答は66％が不要としている。テレワークについても72％が良かったと回答し，コロナが終わっても継続したいと答えた人は73.1％となっている。実際に企業に話を伺うと，「テレワークが無くなるなら会社を辞めます」と言われて困っているというところもあった。

　このように，組織にとって環境の変化が激しい中で，価値観も違う多様な人材に動いてもらうため，リーダーシップはますます重要になっている。また，現代のビジネスにおいて，急激な外部環境の変化に柔軟に対応するためにもリーダーシップの重要性はますます高まっている。

　リーダーシップは，人を導き組織を導くためには不可欠なものである。組織において，役割や責任が明確に分担され，チームワークや協力が促進されるようそこには，リーダーの存在が必要である。リーダーは，組織の達成すべき目標の方向性を明確に指示し，メンバーを鼓舞し，意欲を引き出す役割を果たす。リーダーには，組織内のコミュニケーションを促進し，メンバーの成長や能力開発を支援し，組織全体のパフォーマンスを向上させることも必要である。また，異なるバックグラウンドや価値観を持つ多様なメンバーからなる組織においては，これら多様な人材をどう活かすかということも求められる。リーダーは，多様なメンバーを統合し，共通の目標に向けてメンバーが協力するための懸け橋の役割もある。

166

第8章　組織とリーダーシップ

8-8. 組織の変革とリーダーシップの関係

　これまでに経験したことの無いような外部環境の変化は，組織に急激な変革をもたらすことがある。早急な戦略の変更を迫られ，組織の構造も見直さなくてはならない状況が起きると，リーダーは「忙しい」という状況に追い込まれる。この「忙しい」状態は，目の前の仕事をこなすことに懸命になり部分最適に陥りやすくなる。そんな経験はないだろうか。そして，その変革や改革が自身の部署に及んだ時，感情的になりはしないだろうか。仕事に追われ忙しく更に感情的になるとどういうことが起きるか。これは，担当部署の部分最適や視野狭窄という状況に陥ってしまう。この状態でリーダーは部下に，適切なパスを出せるだろうか。視野狭窄に陥ったリーダーからの指示や支援は部下を混乱させ，部下も同じように部分最適に陥っていくこととなる。そのためには，日頃から自身が振り返る時間（内省）を持つことも重要である。また，リーダーには利害関係のないメンターの存在もあると良い。仕事から離れ，振り返り冷静になることで見えてくることもある。無理にでも時間を作ることも大事なことである。

8-9. まとめ

　環境が変化し続ける現代社会においては，リーダーは，組織の中で競争優位の根源である文化を継承・維持し，リーダーとしての影響力を発揮し，組織を動かし続けなければならない。また，近年では，多様性を重視した組織も増加傾向にある。「ダイバーシティ」という考え方であり，「ダイバーシティ・マネジメント」という言葉も聞かれるようになり，グローバル化が進み，海外との関係性も広く深くなる中で，リーダーはこれらの問題にも対応していかねばならない。組織の中でも個人

167

の働き方は多様化している。場所や時間にとらわれずに働ける「テレワーク」や，民間企業だけでなく自治体による「副業」の認定も可能となってきた。「副業」の目的も多様化し，必ずしも副収入を得ることだけを目的に行われるものでは無くなっている。「テレワーク」においては，自宅を就業場所とする「在宅勤務」や場所に依存せず働ける「モバイルワーク」，遠隔勤務用の「サテライトオフィス」勤務を可能とし，企業にとっては，海外など遠隔地の優秀な人材の確保やオフィスコストの削減，業務の効率化による生産性の向上を目指している。しかし，組織を統括するリーダーにとっては，新しい運営に対して，チームメンバーへの影響など対面ではないことへの戸惑いや人事評価への戸惑いもある。

　組織の役割やリーダーの役割も，日々変化し多様化している中で，組織やリーダーシップについてこの章がその一助となり，また，組織・メンバーを導くための一助となることを願う。

［引用参考文献］
・E.H. シャイン著，二村敏子・三善勝代訳（1991）『キャリア・ダイナミクス』白桃書房
・E.H. シャイン著，稲葉元吉・尾川丈一訳（2002）『プロセス・コンサルテーション』白桃書房
・E.H. シャイン著，尾川丈一・片山佳代子訳（2004）『企業文化　生き残りの指針』白桃書房
・E.H. シャイン著，金井真弓訳（2009）『人を助けることとはどういうことか』英治出版
・E.H. シャイン著，梅津祐良・横山哲夫訳（2012）『組織文化とリーダーシップ』白桃書房
・エリック・シュミット，ジョナサン・ローゼンバーグ，アラン・イーグル著，櫻井祐子訳（2019）『一兆ドルコーチ』ダイヤモンド社
・木村周（2010）『キャリア・コンサルティング　理論と実際』社団法人雇用問

168

題研究所
- ジョン・P・コッター著，黒田由貴子訳（1999）『リーダーシップ論』ダイヤモンド社
- 仁田道夫・久本憲夫（2008）『日本的雇用システム』ナカニシヤ出版
- 日本コミュニティ心理学会（2007）『コミュニティ心理学ハンドブック』東京大学出版会
- 日本キャリア教育学会（2011）『キャリア教育研究　第30巻』
- 沼上幹（2004）『組織デザイン』日本経済新聞出版
- ハーバード・ビジネスレビュー編集部編訳（2009）『動機づける力』ダイヤモンド社
- 二村敏子（2004）『現代ミクロ組織論』有斐閣
- 松尾睦（2006）『経験からの学習』同文館出版
- リンダ・グラットン（2012）『WORK SHIFT』プレジデント社
- 渡辺三枝子（2007）『キャリアの心理学』ナカニシヤ出版

第9章
財務管理

9-1. 会計の意義

　モノを数え，管理する行為，すなわち会計的行為は，文字の使用よりも早い古代から行われていた。近代に入ると，わが国では，江戸時代の商家で「大福帳」と呼ばれる独自の帳簿が用いられ，経営管理に大きな役割を果たした。そして，1873年（明治6年）に福沢諭吉が日本に初めて「複式簿記」を伝え，大正時代に入った頃から「会計」という学問の浸透が始まった。「会計」は，accountingを訳したもので，動詞account の名詞形である。辞書で動詞accountを調べると，「説明する」という意味が載っている。すなわち，「会計」とは何か?に一言で答えれば，「説明すること」である。では，①誰が，②何を，③誰に，④何のために，⑤どのような方法で，⑥どうするのかを考えると，会計の意義が明らかになる。

①誰が　　　　　　　⇨ あらゆる経済主体
②何を　　　　　　　⇨ 経済活動
③誰に　　　　　　　⇨ 会計情報の利用者
④何のために　　　　⇨ 適切に意思決定できるため
⑤どのような方法で　⇨ 主に貨幣額で測定・記録・集計
⑥どうするのか　　　⇨ 報告

　会計とは，「あらゆる経済主体の経済活動に対し，会計情報の利用者が適切に意思決定できるように，主に貨幣額で測定・記録・集計し，報告すること」と定義される。一見難しく感じるが，会計は身近に利用されている。たとえば，大学のゼミで懇親会を開催したことを想定してみよう。懇親会の幹事は，ちゃんと"割り勘"ができているかをゼミ生全員が判断できるように，集めた会費とお店に支払った代金を記録してお

いて，次のゼミで報告する。これは会計である。子供の頃の小遣い帳や，家庭を持ってからの家計簿なども立派な会計の一形態である。

18世紀後半の産業革命以降，人間社会における企業の役割が重要になったため，一般に会計といえば，営利を目的とする企業の会計が中心となる。京セラ創業者である故稲盛和夫氏の「会計の理解なくして経営は理解できない」という言葉は，会計が経営と強く結びつくことを端的に表している。一方で，近年は，地方自治体，医療法人や学校法人などの会計にも，企業会計の考え方や方法が導入されている。地方自治体，病院や学校などは営利を目的とする組織ではないが，これらが多額の借金を抱え資金がなくなれば，我々に行政，医療，教育サービスを持続的に提供することは不可能となる。営利とは関係ないと思われる組織が資金難や経営難に陥っているケースは少なくない。納付した税金の使い道は適切か，受診料に見合う医療サービスは受けられたか，支払った授業料は自分たちの教育に還元されているかなど，会計による説明は，営利を目的としない非営利組織にも当然適用されるのである。本格的な少子高齢化時代に突入し，また，社会における利害関係もより複雑化する中で，非営利組織に「経営」という概念が広まり，地方自治体経営，病院経営や学校経営という言葉をよく耳にするようになった。地方自治体，病院や学校など非営利組織での会計による説明は，今後より大きな役割を果たすことになる。

こうした経済主体は，経済性の原則（最小の犠牲で最大の効果をもたらすこと）により行動し，その経済活動を「財務諸表（Financial Statements)」という一覧表にして開示する。この財務諸表によって伝えられる情報は，会計によって作成する情報であるから「会計情報」といわれる。会計情報の利用者は，財務諸表に表示される財務状況（財政状態・経営成績・キャッシュ・フローの状況など）に関する情報を様々な意思決定に利用する。営利目的の企業では，経営者などが経営計画や業

173

績評価のために会計情報を必要とするし，株主や債権者，税務署などは利益の配分などに関する会計情報を必要とする。営利を目的としない組織では，内外の関係者が，資金の収支や財産の保全などに関する会計情報を必要とする。お金が絡んだすべてのやり取りのことを「経済」というが，会計は経済社会をスムーズにするために必要不可欠である。会計によってもたらされる情報は，あらゆる経済主体と社会とのコミュニケーション・ツールであると理解できる。

9-2.会計の分類

　経済主体は多様であり，その会計情報の利用者も多岐に渡る。これらの観点から会計を分類し，会計領域の全体像を俯瞰することにする。

　まず，経済主体（誰が）による分類を示すと，図9-1になる。会計は，営利を目的とする企業で行われる営利会計と，営利を目的としない組織で行われる非営利会計に大きく分けられる。

　営利会計は，会社組織を中心に行われる企業会計である。営利会計における財務諸表は，財産の計算を行う「貸借対照表」，利益の計算を行う「損益計算書」，資金の計算を行う「キャッシュ・フロー計算書」などがあり，これらの一覧表によって経済活動が会計情報利用者に報告される。なお，商店街の飲食店のように個人で事業を営んでいる場合は，企業会計と分けて個人事業会計として分類することがある。

　非営利会計は，個人的会計（家計，町内会活動など）と国や地方自治体などの行政機関で行われる公会計，非営利法人で行われる会計，たとえば医療法人会計，学校法人会計などがある。

　社会を構成する多種多様な経済主体の経済活動は，会計という“ものさし”を使って，それぞれの会計情報の利用者に説明される。なお，経済主体が国である場合，国民所得や資金の流れなどが中心となり，これ

174

【図9-1】経済主体（誰が）による分類

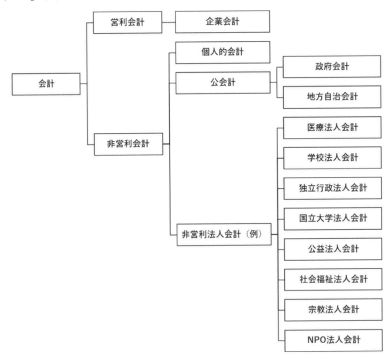

（出典）筆者作成

をマクロ会計（国民経済計算）と呼ぶ。これは経済学の研究対象となるが，会計の手法を用いて明らかにされる。これに対し，家計，地方自治体，病院，学校など個別の経済主体を対象とした会計をミクロ会計と呼び，これが会計学の研究対象となる。

次に，会計情報の利用者（誰に）による分類を，特に企業会計に関して示すと，図9-2になる。企業会計は，会計情報の利用者が企業の外部者であるか，内部者であるかによって，財務会計と管理会計に分けられる。財務会計は，株主，投資家，銀行などの債権者，税務署などの企業外部の会計情報利用者に報告される会計であり，外部報告会計とも呼ば

【図9-2】会計情報の利用者(誰に)による分類

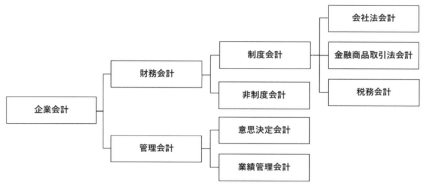

(出典) 筆者作成

れる。一方,管理会計は,経営陣である社長や部長に対して報告する会計であり,内部報告会計とも呼ばれる。

　まず,財務会計は,その報告が一定の法律で義務付けられているか否かにより,制度会計と非制度会計に分けられる。制度会計は,会社法,金融商品取引法,法人税法のそれぞれの目的で会計の取り扱いが異なるため,それぞれに固有の領域としての会社法会計,金融商品取引法会計,税務会計に分類される。なお,海外の投資家から資金を調達する企業では,日本と異なる会計ルールを必要とする場合があり,その会計領域を国際会計と呼ぶ。非制度会計は,法律で義務付けられていない会計であるが,積極的に取り組むことで企業の社会的責任(Corporate Social Responsibility：CSR)を果たそうとする会計領域である。近年では,社会的な環境問題への意識の高まりから,環境会計という分野がある。

　次に,管理会計は,設備投資を実施すべきか否か,購入するかリースにするかなど,経営者の判断に資する意思決定会計と,予算編成や利益計画の策定などに資する業績管理会計に分類される。管理会計は,一定

のルールがある財務会計と異なり，それぞれの企業ニーズによって独自に行われる。

　上記は，企業会計における分類であるが，非営利会計であっても，個人的会計を除くそれぞれの経済主体ごとに会計基準は存在し，それに基づいて会計処理と外部報告が行われるし，近年は非営利法人の財務管理または経営管理の重要性が高まっている。よって，財務会計と管理会計の会計領域は企業だけに求められるものではない。営利を目的としない組織に従事する場合でも，非営利会計に企業の会計領域が拡大されている現状を認識し，企業会計を中心とした会計の学びが求められる。

9-3. 病院の会計

　日本の病院は，その開設主体が多岐に渡ることを特徴とするが，国や地方自治体が開設する病院はもとより，学校法人や社会福祉法人などをはじめ医療法人が開設する病院も，営利を目的とする医療行為が禁止され，剰余金の配当は禁止されている。厚生労働省「医療施設調査（令和4年10月1日現在）」によれば，医療法人の開設する病院が全国8,156病院のうちの5,658病院（69.4％）を占める。その医療法人には企業と同様に法人税が課され，剰余金の配当が禁止されていること以外，財務上の基本的な相違はない。

　病院の開設主体は法人と個人があるが，法人の場合，その目的によって法的形態は異なるので，準拠する会計基準も異なってくる（図9-3）。医療という同一の事業を行いながら，準拠すべき会計基準が異なるので，病院間の比較可能性が確保されない。そこで，「病院の財務諸表は，病院会計準則の規定に従って，病院を一つの会計単位として貸借対照表，損益計算書，キャッシュ・フロー計算書及び附属明細表を作成するのが原則」（病院会計準則適用ガイドライン1-1）とし，開設主体の異

【図9-3】開設主体と準拠する会計基準

開設主体	例	準拠する会計基準
独立行政法人	国立病院・労災病院・JCHO病院	独立行政法人会計基準
国立大学法人	国立大学医学部付属病院	国立大学法人会計基準
都道府県	都道府県立病院	地方公営企業法/同施行令・同施行規則
市町村	市町村立病院	
地方独立行政法人	公立大学医学部附属病院	地方独立行政法人会計基準（一般型）
	（旧）自治体立病院	地方独立行政法人会計基準（公営企業型）
公益法人	医師会病院	公益法人会計基準
医療法人	医療法人病院	医療法人会計基準
私立学校法人	私立大学医学部付属病院	学校法人会計基準
社会福祉法人	済生会病院	社会福祉法人会計基準
企業	JR病院・NTT病院・逓信病院	企業会計基準

（出典）筆者作成

【図9-4】病院会計準則による比較可能性の確保

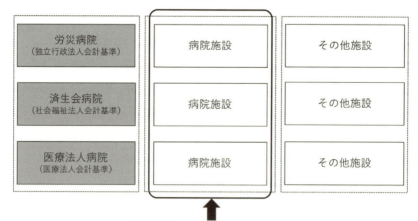

（出典）筆者作成

178

なる病院間における財務情報の比較可能性を確保することが求められている。ただし，近年，各法人が準拠すべき会計基準の改正が相次いで行われ，積極的な企業会計方式の導入がみられる。よって，開設主体間における会計処理や表示上の根本的な相違は少なくなってきており，各法人が準拠すべき会計基準間の乖離も解消されつつある。

9-4.病院の財務会計

1.外部報告と会計情報利用者

　財務会計は，外部の会計情報利用者に報告され，外部報告会計と呼ばれる。病院においては，その財政状態，経営成績（運営状況），資金の流れを明らかにし，それを病院外部の会計情報利用者に報告することが目的となる。病院外部の会計情報利用者には，監督官庁（国・地方自治体）・税務当局・審査支払機関（支払基金・国保連）・債権者（金融機関など）・ベンダー（医薬品や医療器具の仕入先・システム会社など）・患者・地域住民などが挙げられる。病院を開設する法人は，各法人が準拠すべき会計基準に従って財務報告を行うが，基本的には，貸借対照表，損益計算書，キャッシュ・フロー計算書の財務3表により，病院外部の会計情報利用者に会計情報が提供される。

2.貸借対照表

　貸借対照表（Balance Sheet：B/S）は，決算日（通常は3月31日）における病院の財政状態を表した一覧表である（図9-5）。病院がどのような財産を持っていて，借金はどれくらいあるかという状態を明らかにする一覧表であり，我々の健康状態を示す健康診断書にたとえれば分かりやすい。貸借対照表の貸方（右側）は，どのようにお金を集めてきたか（資金の調達源泉という）を示す，「負債」と「純資産」が計上さ

179

【図9-5】 貸借対照表の構造

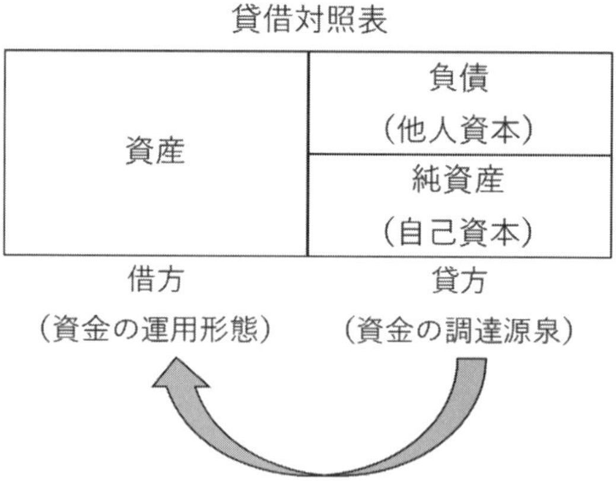

貸借対照表

資産	負債 （他人資本）
	純資産 （自己資本）

借方　　　　　　　　貸方

（資金の運用形態）　（資金の調達源泉）

(出典) 筆者作成

れる。負債は，借入金のように返さなければいけないお金（返済義務が
あるもの）で，他人資本ともいう。純資産（資本）は，資本金のように
返さなくてもいいお金（返済義務がないもの）で，自己資本ともいう。
一方，貸借対照表の借方（左側）は，その調達したお金をどのように
使っているか（資金の運用形態という）を示す「資産」が計上される。
資産には，現金預金や土地，建物などの財貨と，医業未収金などの権利
がある。貸借対照表の特徴は，借方の「資産」と貸方の「負債」「純資
産」の合計金額は常に一致することにある。よって，資産＝負債＋純資
産，または資産−負債＝純資産という式が成立する。ここに，貸借が対
照する表，またはバランスシートと呼ばれる所以がある。

　貸借対照表における資産や負債の各項目の金額を決定することを評価
という。この評価のために使われる基準を評価基準というが，資産の評
価基準には，①過去の出来事により評価する「取得原価基準」，②現在
の出来事を利用する「時価基準」，③将来の出来事を予測して評価する
「割引現在価値基準」の3つがある。

180

取得原価基準は，資産を取得するために支出した金額を基礎に評価する方法である。取得原価は，外部の第三者との取引に基づく金額であるので客観性が担保される。また，資産の市場価額が上昇しても評価益を計上することがなく，資金的裏付けに欠ける利益を排除することができる。こうしたメリットから，取得原価基準は原則的な評価基準とされている。なお，取得原価基準に関連して，「費用配分の原則」という考え方が重要となる。費用配分とは，資産の取得原価を，その消費や価値の減少に応じて，費用となる部分と資産として次期に繰り越す部分とに分けることである。病院の土地以外の建物やパソコン（備品）などの資産を考えてみよう。これらは，利用や時の経過に従って価値が減少していく。この資産価値の減少，すなわち減価という経済的事実に基づく取得原価の配分計算の手続きを「減価償却」という。病院会計において，減価償却費は人件費や材料費に次いで金額の大きい項目である場合が多い。

　時価基準は，資産を時価によって評価する方法である。病院が保有する株式や債券などの有価証券を考えてみよう。とくに上場株式はその価格が常に変動するので，いつの間にか取得原価から大きくかけ離れた金額になることがある。こうした状況を会計情報利用者に的確に報告するためには，証券取引所のような市場価格に代表される時価によって評価しなければならない。このように，時価基準は，取得原価基準による評価の欠点を補完するために適用される。

　割引現在価値は，資産を保有し続けることによって将来得られると予想されるキャッシュ・フローを現時点の価値に換算した金額である。将来の収入の流れを予想しなければならないし，それらを現時点の価値に換算する「割引」という手続きが必要である。リース会計や固定資産の減損会計など，近年，会計の国際化が進む中で重要な評価基準である。病院会計準則ではすでにリース会計が導入されているし，各開設主体が

181

準拠する会計基準や改正された医療法人会計基準では，リース会計はもとより，固定資産の減損会計が導入されていることから，割引現在価値基準による資産評価について理解しておく必要がある。

　負債の評価は，その金額が契約によって定まる法律上の債務が多い。しかし，賞与引当金などは見積もりを必要とするし，退職給付引当金では，将来の退職一時金や年金支給額を予測し，その現在価値を計算しなければならない。負債の評価基準においても，割引現在価値の考え方を理解しておく必要がある。

3.損益計算書

　損益計算書（Profit and Loss Statement：P/L）は，一定期間（通常は4月1日から3月31日までの1年間）における病院の経営成績（運営状況）を示した一覧表である（図9-6）。病院が患者からどれくらいの収入を得て，そのために医師や職員の給料，医薬品にどれくらい費やしているのかを示す一覧表であり，成績表や通信簿にたとえれば分かりやすい。損益計算書の貸方（右側）は，提供した医療サービスの対価である入院診療収益や外来診療収益，運営費に対する補助金などの「収益」が計上される。一方，損益計算書の借方（左側）は，医薬品などの材料費，給料や賞与の給与費などの「費用」が計上される。その結果，経営成績は収益−費用＝利益（マイナスとなる場合は損失）という形で示される。収益が純資産の増加要因（経営成果）であり，費用は収益獲得のために犠牲となった純資産の減少要因（経営努力）であるので，その差額としての利益は，貸借対照表の純資産を増加させることになる。

　損益計算書の特徴は，どのように利益または損失が生じたかを明確にするため，相互に関連する収益と費用を区分ごとに対応表示させることにある。病院会計準則における損益計算書の様式例では，①医業損益区分，②経常損益区分，③純損益区分の3つの計算区分を設けている（図

182

【図9-6】 損益計算書の構造

(出典) 筆者作成

【図9-7】 損益計算書における損益計算区分（病院会計準則）

①医業損益区分	医業収益
	△医業費用
	医業利益（医業損失）
②経常損益区分	医業外収益
	△医業外費用
	経常利益（経常損失）
③純損益区分	臨時収益
	△臨時費用
	税引前当期純利益（税引前当期純損失）
	△法人税、住民税及び事業税負担額
	当期純利益（当期純損失）

(出典) 筆者作成

9-7)。①医業損益区分では，医業収益（入院診療収益・室料差額収益・外来診療収益・保健予防活動収益など）－医業費用（材料費・給与費・委託費・設備関係費など）＝医業利益または医業損失により，病院本来の業務である医業活動の成果を示す。②経常損益区分では，①の医業利益または医業損失に，医業外収益（受取利息および配当金・有価証券売

却益・患者外給食収益・運営費補助金収益など）および医業外費用（支払利息・有価証券売却損・患者外給食材料費・診療費減免額など）を加減し，経常利益または経常損失として，病院本来の業務以外の活動を含めた経常的な成果を示す。③純損益区分では，②の経常利益または経常損失に，臨時収益（固定資産売却益など）および臨時費用（災害損失など）を加減し，税引前当期純利益または税引前当期純損失が表示される。最後に，当期に負担する税金（法人税，住民税及び事業税負担額）を控除し，当期純利益または当期純損失として，最終的な成果を示す。

　損益計算書において収益や費用を計上する場合，収益たる純資産の増加要因（経営成果）や費用たる純資産の減少要因（経営努力）をどのタイミングで認識するかが重要となる。なぜなら，収益や費用は目に見えない概念であり，それがどの時点で生じたかという考え方によっては，収益や費用を計上するタイミングが異なってくるからである。これが収益・費用の認識基準であり，①「現金主義」，②「発生主義」，③「実現主義」などがある。

　現金主義は，実際の現金収入および現金支出に基づいて，収益および費用を計上する基準である。たとえば大学祭の模擬店のように，売り上げをすべて現金で受け取り，具材の仕入れや機材のレンタル代もすべて現金で支払っている場合，その現金収入と現金支出の差額が利益となる。しかし，個人的会計以外の会計領域では，この方法で利益が計算されることはない。株主から現金で出資された資本金や金融機関からお金を借りた場合，現金は増加するが，収益として計上されない。なぜなら，資本金や借入金による現金の増加が，純資産の増加要因（経営成果）にはならないからである。また，建物やパソコン（備品）などを現金で購入した場合，現金は減少するが，費用として計上されない。なぜなら，建物やパソコン（備品）の購入に伴う現金の減少は，純資産の減少要因（経営努力）に該当しないからである。以上のことから，現金主

184

義は，収益・費用の認識基準として，原則認められていない。

　発生主義は，純資産の増減を伴う経済的事実が発生した時点で，収益および費用を計上する基準である。建物やパソコン（備品）などを現金購入した場合，建物やパソコン（備品）という資産が増加すると同時に現金という資産が減少し，純資産は増減していないので費用計上しない。この場合は，先述したように，取得原価主義で評価した金額を資産として計上し，その後の利用や時の経過により価値が減少するという経済的事実が発生した時点で費用を計上する。これが発生主義の考え方である。このように実際は，現金の収支と収益・費用の発生のタイミングは異なることが多い。身近な例で言えば，3月の携帯電話の利用料金が5,000円であり，その支払いが4月20日であった場合を想定しよう。現金は4月に減少するが，携帯電話の利用という事実は3月であるので，たとえ利用料金が未払いであっても，3月の費用（通信費）として計上されることになる。以上のように，発生主義の考え方は，主に費用の認識基準として重要である。

　実現主義は，現金収入が確実になった時点で収益を計上する基準である。経営活動の成果という観点からは，商品の販売という一時点ではなく，その商品の仕入れから販売に至るすべての付加価値形成プロセスに従って収益を認識すべきことになる。こうした発生主義の考え方により収益を認識すると，実際に商品が販売されればいいが，未販売になっている場合には，実際に売れるかどうかわからない不確実な収益を計上することになり，資金的裏付けのない利益が計算されてしまう。そこで，商品を引き渡したり，サービスを提供したりした後，商品やサービスの代金である現金などを受け取ることが確定した時点で収益を計上するのである。このように，収益の認識に関しては，慎重性が要請されている。以上のように，収益の認識基準は原則として実現主義が採用される。

185

4. キャッシュ・フロー計算書

　キャッシュ・フロー計算書（Cash Flow Statement：C/F）は，一定期間（通常は4月1日から3月31日までの1年間）における病院の資金の状況を明らかにするため，活動内容ごとにすべての資金の収入および支出を記載して，その増減の状況を示した一覧表である（図9-8）。企業会計では，1998年にキャッシュ・フロー計算書が導入されている。病院会計準則では，2004年の改正において，運営状況を把握し，資金管理を円滑に進めていく上でキャッシュ・フロー情報が病院経営には不可欠であるとされ，キャッシュ・フロー計算書が導入された。

　キャッシュ・フロー計算書が対象とする資金（キャッシュ）とは，現金および現金同等物である。現金には，手許現金のほか要求払預金が含まれる。要求払預金とは，当座預金，普通預金，通知預金などである。現金同等物とは，容易に換金可能であり，かつ価値の変動について僅少なリスクしか負わない短期投資であり，取得日から満期日または償還日までの期間が3か月以内の定期預金，譲渡性預金，コマーシャルペーパー，公社債投資信託などである。

　キャッシュ・フロー計算書では，①業務活動によるキャッシュ・フロー，②投資活動によるキャッシュ・フロー，③財務活動によるキャッシュ・フローの3区分を設けなければならない。①業務活動によるキャッシュ・フローでは，医業損益計算の対象となった取引のほか，投資活動および財務活動以外の取引によるキャッシュ・フローが記載される。業務活動によるキャッシュ・フローは，病院本来の医業活動によってどれだけの資金が増減したかを示す重要な区分である。業務活動キャッシュ・フローがプラスの病院は，外部からの資金調達に頼らずに，本来の医業活動で獲得した資金を新規の事業に投資したり，借入金を返済したりすることができると判断される。逆に業務活動キャッシュ・フローがマイナスの病院は，業務活動を継続するための資金が本

第9章　財務管理

【図9-8】 キャッシュ・フロー計算書における3区分（病院会計準則）

| ①業務活動によるキャッシュ・フロー |
| ②投資活動によるキャッシュ・フロー |
| ③財務活動によるキャッシュ・フロー |
| 現金等の増加額（減少額） |
| 現金等の期首残高 |
| 現金等の期末残高 |

（出典）筆者作成

　来の医業活動で獲得できていないため，銀行から借り入れたり，土地や有価証券を売却したりすることで資金を調達しなければならない可能性があると判断される。業務活動キャッシュ・フローのマイナスが長期間続いてしまっている病院は，その存続が危うくなるので，業務活動キャッシュ・フローの内容を分析し，業務内容の縮小や撤退を検討する必要が生じる。②投資活動によるキャッシュ・フローでは，固定資産の取得および売却，施設設備補助金の受入による収入，現金同等物に含まれない短期投資の取得および売却などのよるキャッシュ・フローが記載される。投資活動によるキャッシュ・フローは，病院の将来に対する投資活動において資金がどれだけ増減したかを示す区分である。業務活動キャッシュ・フローがプラスの病院は，その資金を病院の将来の事業に投資していくので，本来の医業活動が順調な病院ほど投資活動キャッシュ・フローはマイナスになる可能性が高い。③財務活動によるキャッシュ・フローでは，資金の調達および返済によるキャッシュ・フローが記載される。財務活動によるキャッシュ・フローは，病院がどの程度の資金を必要としているのかを示す区分である。業務活動キャッシュ・フローがプラスの病院は，その資金を銀行借入の返済に充てるので財務活動キャッシュ・フローはマイナスになる。一方，業務活動キャッシュ・フローがマイナスの病院は，一般的に銀行借入による資金調達を行うの

187

【図9-9】財務3表の一体理解

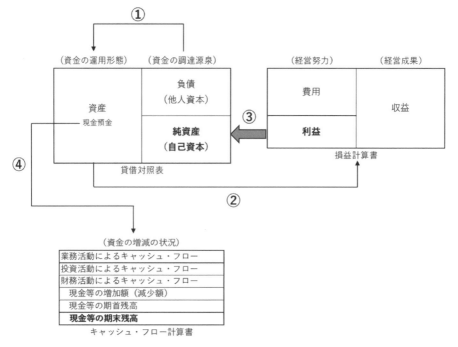

(出典) 筆者作成

で財務活動キャッシュ・フローはプラスになる。このように，財務活動キャッシュ・フローは，病院のファイナンス活動に関する資金の増減を示すことになる。

　以上，基本的には，貸借対照表，損益計算書，キャッシュ・フロー計算書の財務3表により会計情報が提供されるが，会計情報の利用者は，財務3表を一体として理解することが望ましい（図9-9）。資金の調達源泉が貸借対照表の貸方（右側）を構成する負債（他人資本）と純資産（自己資本）で，その資金の運用形態が貸借対照表の借方（左側）を構成する資産である（矢印①）。病院は保有する資産を活用し，損益計算書の貸方（右側）である収益が，損益計算書の借方（左側）である費用

第9章　財務管理

を上回るように経営活動を行う。その差額が利益である（矢印②）。収益が純資産の増加要因で，費用は収益獲得のために犠牲となった純資産の減少要因であるので，その差額である利益は，貸借対照表の純資産を増加させる（矢印③）。また，病院の資金状況は特に重要な情報であるので，貸借対照表の資産のうち現金預金については，その増減の状況を示したキャッシュ・フロー計算書を作成する（矢印④）。

9-5.病院の管理会計

1.内部報告と経営管理

　管理会計は，内部の会計情報利用者に報告され，内部報告会計と呼ばれる。わが国の病院は，病院会計準則によって，病院ごとの財政状態や経営成績（運営状況），キャッシュ・フローの状況を体系的，統一的に捉え，他病院と比較することでそれぞれの病院の経営実態を把握し，改善向上に役立てることになる。病院会計準則は，それぞれの病院の経営に有用な会計情報を提供することを目的としており，管理会計の側面が重視されている。

　近年の診療報酬の抑制政策や診療群分類包括評価（DPC），在院日数短縮政策などにより，病院を取り巻く経営環境は厳しくなっている。患者に質の高い医療サービス提供し続けるためには，最新の医療機器の導入や病院設備の建て替えなどが継続的に必要であるが，その資金を確保しておかなければならない。そのために，設備投資を実施すべきか否かなどの意思決定会計や，予算管理などの業績管理会計の重要性が極めて高くなっている。管理会計は，財務会計と異なり一定のルールが存在しないので，それぞれの病院が独自で行うマネジメント手法である。病院がいかに有効な管理会計手法を活用するかで，病院経営を大きく左右する可能性があることを認識してもらいたい。

189

管理会計は，病院の経営管理者が経営管理に役立てることを目的とした会計であり，重要なツールである。経営管理とは，理念やビジョンをもとに経営計画や経営戦略を策定し，それに基づいて経営活動を展開し，その結果を評価し，改善点を次の経営計画や経営戦略の策定につなげるプロセス（PDCAサイクル）である。病院の経営管理者は，ヒト・モノ・カネ・情報からなる経営資源を適切に配分することで，コストを抑えて質の高い医療を提供したり，医療サービスに対する患者満足度を高めたりするなど，付加価値を生み出さなければならない。管理会計の役割は，経営管理におけるPDCAサイクルを通して，有用な会計情報を提供することにある。

2. 管理会計手法

　病院の管理会計の手法は数多く存在する。主なものは，短期利益計画において設定した目標利益を達成するための計画を立案し（利益計画），それを実現させるために組織活動の統制（利益統制）を行う「利益管理」，その利益計画において用いられる「損益分岐点分析」，目標利益を達成するため，責任部門ごとに予算を編成（予算編成）し，予算数値と実績数値とを比較して業績評価（予算統制）を行う「予算管理」，従業員が自らの業務目標を設定し，その進捗管理を行い，達成度を把握する管理手法である「目標管理」，経営戦略と結びついた4つの視点から総合的に業績評価を行う「BSC（バランスト・スコアカード）」，現状の問題点やその改善点を見出す「経営分析」などがある。管理会計では，財務数値だけでなく，患者満足度や入院患者数などの非財務数値が活用される点で，財務会計とは異なる特徴がある。

　ここで，病院における原価計算の重要性を指摘しておきたい。原価計算の目的の一つに「原価管理」があり，管理会計手法に属する。原価管理とは，原価の標準を設定し，実際の発生額と標準額を比較して，その

差異の原因分析をすることで原価能率を高める措置を講ずることである。今日，出来高払い制の診療報酬体系に対し，1日当たりの診療群ごとの定額報酬であるDPCの導入が拡大されている。DPCにおいては，効率的な診療サービスの提供，すなわち医業費用を一定に抑えて利益の確保に努めなければならない。医業費用を一定に抑えるためには「原価管理」が必要であり，そこに原価資料を提供するための「疾病別原価計算」や「患者別原価計算」が求められる。

　以下，利益計画で用いられる代表的な管理会計手法である「損益分岐点分析」，病院での導入が多くなっている「BSC（バランスト・スコアカード）」，病院における一般的な「経営分析」を取り上げ説明する。

3.損益分岐点分析

　損益分岐点とは，病院の損益がゼロになる状態のことである。つまり，医業費用の合計と医業収益の合計が同じ金額である状態を指す。どの程度の医業収益があれば赤字にならないのか，赤字になるのであれば，どの程度の医業費用を削減しないといけないのかが把握できる（図9-10）。医業費用は変動費と固定費に分類し，以下のような算式で損益分岐点医業収益高が算定される。

$$損益分岐点 = \frac{固定費}{1 - \dfrac{変動費}{医業収益高}}$$

　利益計画を策定する際には，次の3つの方法がある。1つ目は，固定費に目標利益を加算して算定された医業収益高まで収入を増加させて，目標利益を達成させる。2つ目は，医薬品費や診療材料費，委託費などの変動費を削減して変動費率（変動費÷医業収益高）を下げることで，目標利益を達成させる。3つ目は，給与費や広告宣伝費，減価償却費な

【図9-10】損益分岐点図表

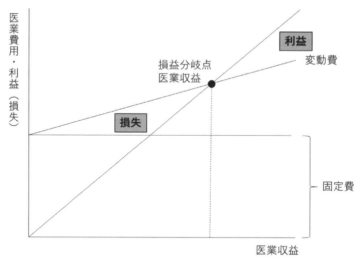

(出典) 筆者作成

どの固定費を削減することで、目標利益を達成させる。このように、損益分岐点分析を行う際は、病院の損益構造を把握することが重要である。

4.BSC（バランスト・スコアカード）

「予算管理」は財務尺度に偏重した業績管理システムであったが、BSCはそこに非財務尺度をバランスよく取り入れ、4つの視点をビジョンや経営戦略と関連させて総合的に業績評価を行う手法である（図9-11）。4つの視点は、上位から①財務の視点、②患者（顧客）の視点、③内部プロセスの視点、④学習と成長の視点の順で配置され、その中心にビジョンや経営戦略がある。BSCでは、ビジョンや経営戦略に基づいて、4つの視点ごとに戦略目標を設定する。そして、戦略目標を成功に導くために重要となる成果目標を重要成功要因とし、業績評価指標を

第9章　財務管理

【図9-11】病院BSCのフォーマット（例）

ビジョン/経営戦略						
区分	戦略目標	重要成功要因	業績評価指標	2023年度実績値	2024年度目標値	アクションプラン
患者の視点						
財務の視点	４つの視点ごとに目標を数値化し、具体的に落とし込んでいく					
内部プロセスの視点						
学習と成長の視点						

（出典）筆者作成

数値化する。さらに，業績評価指標をクリアするための具体的な活動計画をアクションプランとして記述する。なお，病院BSCでは，「顧客の視点」を「患者の視点」と言い換えたり，「財務の視点」よりも「顧客の視点」を最上位に配置したりするなどのアレンジがみられる。

また，BSCでは，病院ビジョンを実現するための道筋が可視化できるように「戦略マップ」が作成される。すなわち，病院のビジョンを達成するために，４つの視点がどのような因果関係をもって作用しているのか，そのストーリーを描くのである。たとえば，「地域医療に貢献する」という病院ビジョンを達成するため，患者満足度を向上させる，がん医療の拠点病院になるなど，「患者（顧客）の視点」の戦略目標が設定される。そのためには，安定した財務基盤の構築など，「財務の視点」の戦略目標を実現させる必要がある。また，業務プロセスの効率化や，医療機能の強化，地域連携の深化など，「内部プロセスの視点」の戦略目標を実現しなければならない。さらに，研究・研修の充実や職員満足度の向上など，「学習と成長の視点」の戦略目標を実現することが不可欠となる。

医業収益などの財務数値は，過去の結果としての業績であるが，患者満足度や紹介率などの非財務数値は，将来の目標設定であり，結果に至るまでの原因やプロセスである。財務指標に加え数値化された非財務指

標をも業績管理の対象とし，ビジョンを達成するまでの戦略を可視化できるようにしたことが，他の管理会計手法と異なるBSCの特徴である。

5. 経営分析

　病院は，現状の問題点やその改善点を見出すために，経営分析を行うことが重要である。病院の経営分析は，「機能性」，「収益性」，「安全性」の3つの視点に分類される（図9-12）。「機能性」分析は，医療の質保証の観点から，病院が有している医療機能を数値化して把握し，病院機能の状況・レベルなどの利用状況等を評価する分析手法である。具体的には，平均在院日数，1床当たり1日平均外来患者数，紹介率などがある。「収益性」分析は，医業活動によって獲得した収益とそのために犠牲となった費用との対応関係を把握し，経営成績（利益獲得能力）について評価する分析手法である。具体的には，医業利益率，病床利用率，人件費比率などがあり，他病院との比較や自病院を時系列で比較する際に有効な指標となる。「収益性」分析では，主に損益計算書から提供された会計情報が用いられる（図9-13）。「安全性」分析は，資金調達と資金運用のバランスを把握し，収益性に基づく返済能力（財務健全性）について評価する分析手法である。具体的には，自己資本比率，借入金比

【図9-12】経営分析の視点

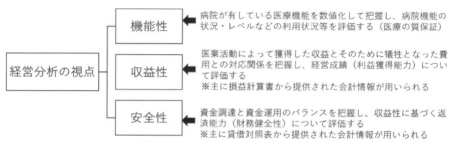

（出典）石井孝宜・西田大介（2023）p.79に基づき，著者が加筆修正

【図9-13】「収益性」分析

指標	示す内容	算式
医業利益率	損益計算書の医業収益に対する医業利益の割合	医業利益÷医業収益×100
総資本医業利益率	貸借対照表の総資本に対する損益計算書の医業利益の割合	医業利益÷総資本×100
経常利益率	損益計算書の医業収益に対する経常利益の割合	経常利益÷医業収益×100
償却前医業利益率	損益計算書の医業収益に対する医業利益に減価償却費を加算した金額の割合	(医業利益＋減価償却費)÷医業収益×100
病床利用率	病床の稼働状況	1日平均入院患者数÷稼働病床数×100
固定費比率	損益計算書の医業収益に対する代表的な固定費である給与費・設備関係費・支払利息の合計額の割合	(給与費＋設備関係費＋支払利息)÷医業収益×100
材料費比率	損益計算書の医業収益に対する材料費の割合	材料費÷医業収益×100
医薬品費比率	損益計算書の医業収益に対する医薬品費の割合	医薬品費÷医業収益×100
人件費比率	損益計算書の医業収益に対する給与費の割合	給与費÷医業収益×100
委託費比率	損益計算書の医業収益に対する委託費の割合	委託費÷医業収益×100
設備関係費比率	損益計算書の医業収益に対する設備関係費の割合	設備関係費÷医業収益×100
減価償却費比率	損益計算書の医業収益に対する減価償却費の割合	減価償却費÷医業収益×100
経費比率	損益計算書の医業収益に対する経費の割合	経費÷医業収益×100
金利負担率	損益計算書の医業収益に対する支払利息の割合	支払利息÷医業収益×100
総資本回転率	貸借対照表の総資本に対する損益計算書の医業収益の割合	医業収益÷総資本×100
固定資産回転率	貸借対照表の固定資産に対する損益計算書の医業収益の割合	医業収益÷固定資産×100
医師人件費比率	損益計算書の医業収益に対する医師の給与・賞与の合計額の割合	(医師の給与＋賞与)÷医業収益×100
看護師人件費率	損益計算書の医業収益に対する看護師の給与・賞与の合計額の割合	(看護師の給与＋賞与)÷医業収益×100

指標	示す内容	算式
その他職員 人件費率	損益計算書の医業収益に対するその他職員の給与・賞与の合計額の割合	(その他職員の給与＋賞与) ÷医業収益×100
医師1人 当たり人件費	医師1人に対して支給される給与・賞与の平均額	(医師の給与＋賞与) ÷医師数
看護師1人 当たり人件費	看護師1人に対して支給される給与・賞与の平均額	(看護師の給与＋賞与) ÷看護師数
職員1人 当たり人件費	職員1人に対して支給される給与・賞与の平均額	(その他職員の給与＋賞与) ÷その他職員数
1床当たり 医業収益	許可病床1床に対する損益計算書の医業収益の割合	医業収益÷許可病床数

（出典）厚生労働省「令和4年度病院経営管理指標」に基づき、著者が加筆（下線部は会計情報）

【図9-14】「安全性」分析

指標	示す内容	算式
自己資本比率	貸借対照表の総資本に対する純資産（自己資本）の割合	純資産（自己資本）÷総資本×100
固定長期適合率	貸借対照表の純資産（自己資本）と固定負債に対する固定資産の割合	固定資産÷(純資産（自己資本）＋固定負債)×100
借入金比率	損益計算書の医業収益に対する貸借対照表の長期借入金の割合	長期借入金÷医業収益×100
償還期間	損益計算書の利益と減価償却費に対する貸借対照表の長期借入金の割合	長期借入金÷(税引前当期純利益×70％＋減価償却費)
流動比率	貸借対照表の流動負債に対する流動資産の割合	流動資産÷流動負債×100
1床当たり 固定資産額	許可病床数に対する貸借対照表の固定資産の金額	固定資産÷許可病床数
償却金利前経常利益率	損益計算書の医業収益に対する経常利益・減価償却費・支払利息の合計額の割合	(経常利益＋減価償却費＋支払利息)÷医業収益×100

（出典）厚生労働省「令和4年度病院経営管理指標」に基づき、著者が加筆修正（下線部は会計情報）

率，流動比率などがある。「安全性」分析では，主に貸借対照表から提供された会計情報が用いられる（図9-14）。

9-6. レセプト管理士と会計

　レセプト業務が重要であることは言うまでもない。マクロの観点では、レセプト情報はビックデータであり、医療費適正化計画など医療政策の立案に活用される。また、厚生労働省が公表するNDB（National Database）オープンデータ（レセプト情報・特定健診等情報データベース）は、国民の医療動向を把握するために利用され、各医療機関にとっては経営戦略に資する基本情報となり得る。一方、ミクロの観点では、レセプトが個々の医療機関の売上（医業収入）の大部分を占めるため、レセプト情報は会計情報の重要な構成要素となり、また、マーケティング分析の素材ともなり得る。

　図9-3の病院開設主体の多くでは、財務諸表の情報開示が進んでいる一方、医療法人の情報開示は遅れている。医療法人の経営情報公開の義務化が検討され、財務諸表による会計情報の開示は、今後、より重視されることになる。財政状態、経営成績（運営状況）、資金の流れを明らかにし、それを病院外部の会計情報利用者に報告することを目的とする財務会計において、レセプト管理士が果たす役割は大きい。

　レセプト業務にAIの実装が進んでいき、今後のレセプト管理士の業務は変化するが、それはより高度な業務が求められることを意味する。診療報酬請求の算定作業はAIで自動化されるが、病院の経営改善にレセプト情報をどう役立てるかの判断は、最終的に病院管理者が行うことになる。図9-7のように、損益計算書で相互に関連する収益と費用を対応表示させるのは、どのように利益または損失が生じたかを明確にするためである。医業収益−医業費用からなる医業利益の構造を理解しようとすれば、医業収益と医業費用の関係が見えてくる。さらに、図9-13の「収益性」分析の手法を用い、他病院との比較や自病院を時系列に比較することで、現状の問題点やその改善点を見出すことができる。利益

計画で用いられる図9-10の損益分岐点分析や原価管理など，病院内部の会計情報利用者に有用な会計情報を提供することを目的とする管理会計において，レセプト管理士が専門的に担う役割は大きいであろう。

［参考文献］

・荒井耕（2013）『病院管理会計　持続的経営による地域医療への貢献』中央経済社
・池上直己監修，荻原正英・横山隆史・加藤修之編著（2011）『病院経営のための財務会計・管理会計』じほう
・石井孝宜・西田大介（2023）『病院経営のための経営分析入門　第3版』じほう
・上野清貴（2015）『スタートアップ会計学』同文舘
・倉田三郎・藤永弘編著（2010）『現代会計学入門』同文舘
・厚生労働省（2024）「令和4年度病院経営管理指標」
・田島誠一・髙橋淑郎編著（2014）『新医療秘書実務シリーズ2　病院管理』建帛社
・トーマツライフサイエンス・ヘルスケアインダストリーグループ（2015）『会計実務Q&A　医療機関』中央経済社
・永野則雄（2014）『ケースブック会計学入門　第4版』新世社
・日本大学会計学研究室編（2016）『はじめての会計学　第5版』森山書店
・溝口周二・奥山茂・田中弘編著（2016）『わしづかみシリーズ管理会計を学ぶ』税務経理協会
・山内一信監修，村田幸則・加藤憲編著（2019）『病院管理学』同友館
・立命館会計教育研究会編（2012）『スタートライン会計学』中央経済社

第10章
マネジメント事例

本章は経営，管理者視点で患者や利用者を増やすための取り組みを具体的に示す。

　サービス業にとってSNSの時代，美容室や理容室，飲食店のサービス業ではSNSの一つでもあるInstagramやTikTokにて，顧客拡大を図る時代，病院ではエキテンレビュー，Caloo（カルー）などの病院評価を受けることがある。この評価をみて実際に私は病院を選択するときもあるし，読者もそういった経験をもつ人もいるのではないだろうか？よって，病院・介護施設もサービス業なので患者や利用者満足度の向上を図らなければこのSNS時代を乗り切れないと思われる。患者・利用者満足度とは何か考えていきたい。

10-1.顧客満足度がSNSを制す

　顧客満足度の定義について，真野（2019）は「医療に求められる変化〜患者満足を高めるために〜」で以下のように述べている。

　「企業，製品，もしくはサービスに対する顧客の期待と，それらの達成度に対する顧客の知覚の差によって生じる感情」

知覚されたサービス＞期待されたサービス⇨不満足
期待されたサービス＞知覚されたサービス⇨満足

　この「期待されたサービス」とは顧客があらかじめ商品やサービスから得られると期待している水準のことであり，「知覚されたサービス」とは顧客が実際に商品やサービスから得られた水準のことである。よって，この「期待されたサービス」が「知覚されたサービス」を上回れば，顧客満足度につながる。一方，「期待されたサービス」を「知覚さ

れたサービス」が下回れば顧客不満足になる仕組みである。

たとえば，ここはおいしいラーメン屋といって訪れて，おいしくなければ満足度は下がるが，思っているよりおいしく，また価格も思っているより安ければ大いに満足度は上がる。

現在では，満足を得ると一部の顧客はSNSへ口コミを書き込み，友人や家族などにそのお店などを薦める。反対に，不満足であればSNSや友人や家族などにそのサービス内容を伝える傾向にある。これが顧客の新規獲得に弊害となる。

10-2. 病院はサービス業

表10-1における顧客満足度は，患者や利用者満足度と同じ考えであるといえる。たとえば，病院にて「受付で待たされた」「何も処置してくれなかった」「処置が痛かった」「入院中看護師から怒鳴られた」などはよくSNSで挙がってくる口コミになる。これは介護施設も同じである。その患者の「期待されているサービスとは何か」を考え，病院・施設の職員はそれを上回るサービスを提供しなければ必ず，患者・利用者獲得につながらないといえる。

表10-1は厚生労働省「令和2年受療行動調査（概数）」によるもので，ほとんどの患者は医療機関にかかるとき，事前に何らかの情報を得ており，SNSや家族・友人・知人の口コミの情報の入手先が全体の約80％を上回る結果となっている。介護施設も例外ではなく，これほどまでにSNSや家族・知人などの口コミが重要性を占めることになる。

では病院・介護施設において満足度を上げる取り組みを行うにはどのようにすればよいのだろうか。患者満足度調査（CS調査）により，現在患者や利用者が求めるものは何か?当施設に来ている患者や利用者の期待されたサービスは何かの情報をしっかり収集する必要があるといえ

【表10-1】外来−入院別にみたふだん医療機関にかかる時の情報の入手先（複数回答）

（単位：%）　　　　　　　　　　　　　　　　　　　　　　　　　　　　　　　　　　令和2年

	総数	情報を入手している	情報の入手先（複数回答）										特に情報は入手していない	無回答
			医療機関の相談窓口	医療機関が発信するインターネットの情報	医療機関の看板やパンフレットなどの広告	行政機関の相談窓口	行政機関が発信するインターネットの情報（医療機能情報提供制度など）	行政機関が発行する広報誌やパンフレット	医療機関以外が発信するインターネットの情報（SNS、電子掲示板、ブログの情報を含む）	新聞・雑誌・本の記事やテレビ・ラジオの番組	家族・友人・知人の口コミ	その他		
外来	100.0	80.0 (100.0)	(15.6)	(23.5)	(5.7)	(2.3)	(3.2)	(3.8)	(14.0)	(4.7)	(71.1)	(10.6)	17.2	2.8
入院	100.0	83.0 (100.0)	(26.2)	(18.3)	(6.9)	(5.3)	(3.4)	(4.0)	(11.6)	(5.5)	(69.4)	(12.3)	14.7	2.3

（出典）厚生労働省「令和2年受療行動調査（概数）」

よう。

10-3.CS調査から導き出す患者獲得戦法

　図10-1のように病院の満足度は年次ごとに高まってきている。これは，各病院におけるサービス向上に向けた取り組みの成果といえよう。次に項目別にみると，食事の内容や診察までの待ち時間の満足度が年々上がってきている。これは全国のCS満足度調査にはなるが，病院や介護施設においてそれぞれ調査は必要と考えるが，この結果を踏まえた上で，診察の待ち時間や食事の内容は変化させることができれば，患者満足度につながるといえよう。

　たとえば，病院の食事の監修にホテルのシェフが入って，管理栄養士と食事内容を見直すのも良い戦略であるといえる。大事なことは，患者

第10章　マネジメント事例

【図10-1】項目別にみた満足度（外来・入院）

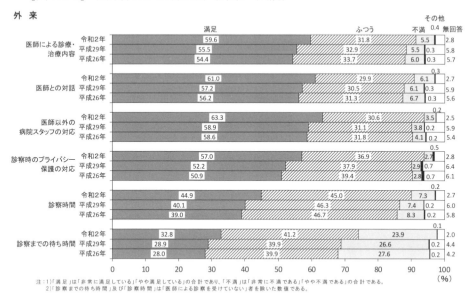

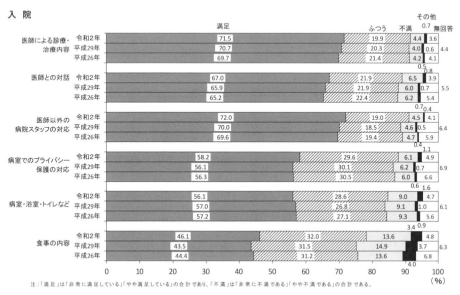

（出典）厚生労働省「令和2年受療行動調査（概数）」

【図10-2】病院に対する全体的な満足度の年次推移（外来・入院）

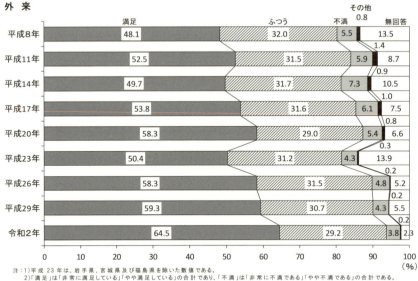

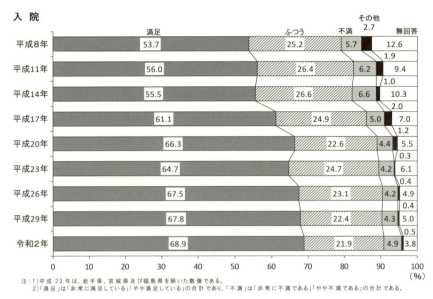

（出典）厚生労働省「令和2年受療行動調査（概数）」

満足度調査をしっかり定期的に行い，患者の期待しているサービスと提供しているサービスのギャップはないかを常に見直すことが必要なのである。

10-4. 患者・利用者満足度とチームの強化

　CS調査から導き出す患者獲得戦法で述べたように患者満足度調査から，患者の「知覚されたサービス」を「期待されたサービス」が上回れば，顧客満足度につながる。それが利用者増加につながると予想される。

　そのためには管理者・経営者としてどのように考えたらよいのだろうか。

　図10-3のようにチームの強化が重要といえる。なぜ，チームの強化が必要なのか？

　それは図10-2であった患者満足度調査から，不満だけでなく普通の評価も患者の評価には何か不満あると考え，「不満・普通」の評価を「満足」に上げるには，病院や介護施設だからといった先入観では，新しい発想は生まれない。そのためには，一人ではなく，何人もがいろいろな意見を出し合うことが，新たなサービスの発想を導き出すのである。だから，経営者や管理者は上から下の指示するだけではなく，部下から引き出すマネジメントが必要であるといえる。

　「3人寄れば文殊の知恵」ということわざがある。文殊菩薩は知恵に優れた菩薩であるが，この菩薩も平凡な人が3人寄って絞った知恵にはかなわないというこのことわざのようにチームの強化は患者・利用者獲得に最も必要といえる。

　ONE FOR ALL，ALL FOR ONEという言葉がある。ラグビーで盛り上がり出てきた言葉である。この言葉を読者は「みんなは一人のため

【図10-3】チームの強化で満足度向上を

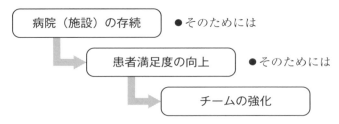

（出典）筆者作成

に一人はみんなのために」と理解されてはいないだろうか？実はこの本当の意味は「一人はみんなのために，みんなは一つの目的のために」である。チームを強化するために管理者・経営者は常に所属する病院や介護施設において，病院や施設の理念を共有し，職員と今抱えている問題点を明確化し，知恵を出し合う取り組みをつくりあげることが必要である。そうすることで従業員満足度（ES満足度）を上げることとなり，それが個人のやる気につながり，ますますチームは患者満足度に向けて努力し，患者・利用者満足度へつながっていく。その満足度は家族・友人への口コミやSNSの書き込みに反映し，新規の患者・利用者獲得へとつながっていくのである。

［参考文献］
・ICT総研（2022）『2022年度SNS利用動向に関する調査』
・厚生労働省「令和2年受療行動調査（概数）」
・真野俊樹（2010）『経営学の視点から考える患者さんの満足度UP?患者満足度追及のわな』南山堂
・真野俊樹（2019）「医療に求められる変化?患者満足度を高めるために?」国民生活研究第59巻第2号
・南知恵子（2012）「サービスの品質と顧客満足度」流通研究第14巻第2/3合併号

第10章　マネジメント事例

・日本レセプト学会監修（2021）『レセプト管理論』同友館
・田村潤（2016）『キリンビール高知支店の軌跡』
・西條剛央（2015）『チームの力―構造構成主義による"新"組織論』筑摩書房
・濱川博招（2017）『病院経営が驚くほど変わる8つのステップ?患者・職員の満足度が向上すれば経営は変わる』ダイヤモンド社
・松井彩子（2021）「SNSにおける他社の存在の影響」マーケティングジャーナル/40巻

第11章
国際化

11-1. 患者対応と国際化

　日本政府観光局によれば，訪日外国人数は2013年に初めて1,000万人を突破してから増加の一途をたどり，2019年末で3,188万人にまで急増した。その後，新型コロナウイルス感染症が世界的に蔓延し，訪日外国人数は一気に下落したが，2021年末からまた少しずつ増加傾向にあり2022年末で383万人にまで回復した[1]。さらに政府は2030年，訪日外国人旅行者6,000万人を目指して多言語対応の改善・強化を図っている。

　また，法務省の統計によれば，2022年6月末の在留外国人数は296万1,969人で前年比20万1,334人（7.3%）の増加となり過去最高となっている。永住者数も84万5,693人で，前年比1万4,536人（1.7%）の増加となっている[2]。

　このような状況を考慮すれば，今後ますます病院を受診する外国人患者が増加することは容易に理解できる。厚生労働省は，外国人患者受け入れに関する環境整備を進めている[3]が，その中に，医療機関が外国人患者を受け入れるにあたり，言語が通じないことが不安要素となっていることについて，医療通訳者や外国人向け医療コーディネーターを配置する事業を整備している。本章では，外国人患者が来院した際の窓口対応も含め，医療機関の国際化について述べる。

11-2. 医療の国際化

1. 外国人への3つの壁

　外国人が病院を受診する際に，障壁となる壁が3つある。「言葉の壁」「文化の壁」「制度の壁」である。

　言葉の壁は文字通り，日本語がわからないことで，医療従事者との意

【図11-1】在留・永住外国人数の現状，訪日外国人数（単位：万人）

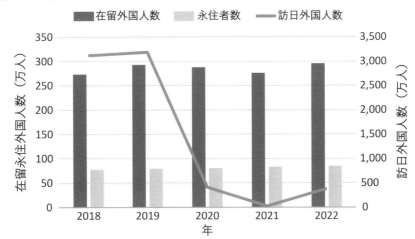

（出典）法務省【在留外国人数】（中長期在留者及び特別永住者数）
　　　　JINO（日本政府観光局）訪日外国人推移

思疎通がうまくいかないことである。最初の受診受付からすでに言葉の壁があり，診察，検査，投薬，会計など，一連の過程でのコミュニケーションがうまく取れず，患者のみならず医療従事者にとっても，かなりのストレスになる。

　文化の壁とは，外国人の持つ文化と日本の文化の相違により，医療従事者との間に誤解が生じることもあり，それにより患者が不愉快に思ったり，診療がスムーズに進まなかったりすることである。医療従事者にとっては通常の診療の一部であっても，外国人には，医療システムが異なることで理解しにくいことや，宗教上の理由で男性医師には肌を見せられないなど，異文化での相互の理解が難しいことがある。

　制度の壁とは，国民皆保険制度の日本で日本の健康保険に加入していれば受けられる恩恵を，すべての外国人が受けられるわけではないことである。加入できる条件を満たしていない外国人にとっては，母国の医

療・保険システムとは異なる日本の制度のもとで高額な診療費を支払うことにもなりかねない。

2.病院の窓口対応の現状

2022年8月に出入国在留管理庁から発表された資料[4] によると，外国人が病院で診察等を受ける際の困りごととして，上位3つが，「どこの病院に行けばよいかわからなかった」「病院で症状を正確に伝えられなかった」「病院の受付でうまく話せなかった」となっている。すなわち，外国人にとっては，健康でいる時には病院は非日常であり，あまり必要性を感じないため情報にも敏感ではないかもしれないが，ひとたび具合が悪くなったり怪我をしたり，という時に，外国語による医療に関する情報を上手く把握できなかったということであろう。また，病院での日本語は日常生活で使う日本語とは違い，症状などをうまく表現できなかったり，医療従事者の話す言葉や，母国の医療制度との違いによるシステムそのものが理解できなかったり，という経験をしたと思われる。

実際，外国人患者が言葉のわかる人を同行する場合を除いて，医療機関としては，1.医療通訳者，2.機械翻訳（タブレット・翻訳機・スマートフォンのアプリケーションなど），3.外国語ができる職員で対応していると思われる。

まず，医療通訳者については，患者の言葉の不安を取り除き，医療従事者との言葉の橋渡しをする役目の人である。その養成も進んできているが，多言語化にはまだ十分対応できず，資格もないため職業として確立しておらず，医療機関によっては通訳者を常駐させるほどの需要もないなどの事情から雇用には至らないケースも多い。よって，勤務形態も非常勤・派遣・ボランティアなど様々な形となり，当然，身分の保証も不十分で，能力のバラつきが生じることも否めない。ただ，外国人集住

地区にある医療機関の中には，医療通訳者の必要性を認識し，派遣で医療通訳者を依頼する所もあるが，費用がかかることと，原則，予約制のため，急な場合に対応できない不便さもある。

次に，機械翻訳については，最近はその精度も上がっていて便利だが，誤訳のリスクがあることは常に意識しなければならない。話される日本語によっては，機械が正しく翻訳できないし，訳されたものが正しいかどうかも確かめるすべがなく，場合によってはかなり危うい。

最後に，外国語ができる職員が対応する場合も多いと思われるが，基本的に通訳者として採用されたのではなく，他の業務を行う職員であるため，通訳訓練は受けていない場合が多い。定型表現であれば対応可能かもしれないが，それ以外の場合は困難になり，結局，医療通訳者や機械に頼ることになりかねない。語学ができる人が，通訳もできるとは限らないことを認識する必要がある。

3. 在留外国人の日本語能力

上記のように，外国人患者への対応は，厚生労働省の後押しもあり全国的に医療通訳者の養成も進めながら，それぞれの地域や実情にあわせて医療機関が何とかやっている，というのが現状かと思われる。

一方で，在留外国人は，英語母語話者ではない人の方が多く[5]，むしろ簡単な日本語でコミュニケーションが可能な場合も多い。さらに，在住外国人の使用言語として，英語ができる人が44％，中国語ができる人は38.3％，日本語ができる人が62.6％と日本語ができる人が半数以上いる（図11-2）。また法務省による調査[6]によれば，日本人と同程度に会話できると回答した人が29.1％，仕事や学業に差し支えない程度に会話できると回答した人が23.4％，日常生活に困らない程度に会話できると回答した人が29.7％であった。すなわち，日常生活に困らない程度以上の会話力を，外国人の82.2％が持っているといえる（図11-

213

【図11-2】外国人が日常生活に困らない言語

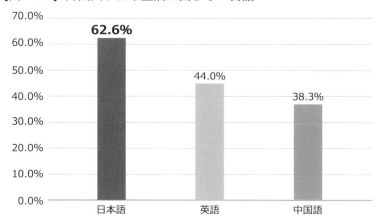

（出典）出入国在留管理庁・文化庁「在留支援のためのやさしい日本語ガイドライン 2020年8月」

【図11-3】外国人の日本語での会話力

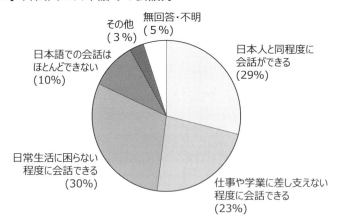

（出典）出入国在留管理庁・文化庁「在留支援のためのやさしい日本語ガイドライン 2020年8月」

3）。さらに，東京都の国際交流委員会の調査[7]では，外国人が希望する情報発信言語は「やさしい日本語」が76％，次いで英語68％，日本語22％となっており（図11-4），やさしい日本語の必要性が高いことが

【図11-4】外国人が希望する情報発信言語

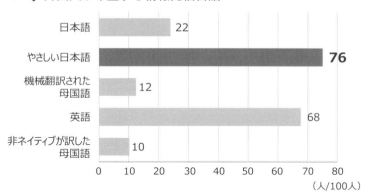

（出典）出入国在留管理庁・文化庁「在留支援のためのやさしい日本語ガイドライン 2020年8月」

わかる。

　このような状況を考慮すれば，窓口で医療通訳者が居なくても，あるいは，英語がわからなくても，簡単な日本語で何とか対応できるようにしておくのが望ましい。もちろん，外国語のスキルがあればそれに勝るものはなく，本章でも後述するが，ここでは，外国語のスキルアップよりも手軽ですぐに実践できる「やさしい日本語」を紹介し，日本語の重要性も再認識してほしい。

4. やさしい日本語

　「やさしい日本語」とは，1995年阪神淡路大震災の時に，外国人に情報が伝わりにくかったことの反省から考案されたもので，弘前大学の佐藤和之教授のグループが提唱している語彙や文法をコントロールしたわかりやすい日本語のことである。

　これは，「はさみの法則」という「はっきり，さいごまで，みじかく」話すという原則で，以下の5つの項目に従って作る。

①敬語（尊敬語・謙譲語）は使わず，「です・ます」で話す。外国人には，敬語は難しく，日本語の学習時も「です・ます」を使っているので，馴染みがありわかりやすい。

②漢語はできるだけ和語にする。たとえば，「腹部」ではなく「お腹」，「頭部」ではなく「頭」を使うようにする。

③カタカナ英語は避ける。たとえば，「トラブル」とカタカナで話したり，英語で発音したりしても通じないことが多く，「問題」という方が伝わりやすい。

④オノマトペは使わない。日本語は擬音語・擬態語が豊かな言語であるが，外国人にはとても難しく，またそのような表現そのものが存在しない場合もある。「ヒリヒリする」は，普通に「痛い」とした方がよい。

⑤何を伝えたいのかを考え，それを言葉にする。

　先述のように，在留外国人でも日本語を聞いて話すことはだいたいできる，という状況なら，簡単な日本語によってコミュニケーションをとれれば，医療通訳不足の現状を打開することができるかもしれない。

　「やさしい日本語」を使う利点としては，在留外国人の日本語の理解度に応じて説明でき，医療通訳者がいない状況で，外国語ができる職員に通訳の役目をさせることで発生するかもしれない誤訳やミスコミュニケーションを減らせる。また，最近精度が高まっている翻訳機を使う際の誤訳リスクを軽減できる。さらに，新たな通訳の雇用や機械の購入などをする必要がないのでコストの削減にもなる。

5. 日本の医療通訳事情

　日本には，欧米のような明文の形で医療機関に外国人との言葉の壁を取り除く取り組みを義務付けた規定はない。また医療通訳の国家資格は

216

なく，民間の機関が試験を実施して，医療通訳専門技能者・医療通訳基礎技能者，医療通訳士などと認定したり，2023年現在，国際臨床医学会が認定医療通訳者として認定する準備をしていたりと，いろいろな状況である。

資格化に向けて動き出す前から，各地域の団体が独自で，もしくは，地方自治体と提携して，地域の実情に合わせて医療通訳派遣事業を行ってきている。全国医療通訳者協会の調査[8]によれば，2021年4月現在，日本には40の自治体・国際交流協会，NPOなどが医療通訳を育成派遣している。

2020年東京オリンピック・パラリンピックが開催されたが，折しも新型コロナウイルスの感染拡大のため，先述のグラフにもあるように訪日外国人数が，激減した。しかし，在留外国人数はそれほど減少せず，日本人同様，医療機関を受診するコロナ感染の外国人患者も存在し，医療機関はその対応を迫られた。通訳者の安全を確保するために医療通訳は遠隔で実施されるなど，通訳のありかたを考えるきっかけにもなった。

新型コロナウイルス感染症の扱いが季節性インフルエンザと同じ5類に引き下げられることで，海外からのインバウンドで多くの外国人を日本に呼び寄せ，検診しその先の治療まで行う医療ツーリズムも復活してくるだろう。その際の医療通訳サービスの需要も高まる。訪日外国人のみならず，在住外国人も増加・高齢化しており，彼らが日本で安心・安全な生活を継続していくためには，医療分野での言語サポートは不可欠であり，その重要な役割を果たす医療通訳の存在は，今後ますます需要が高まると思われる。

医療通訳は，高度な専門知識と技能を持ち，高い職業倫理を必要とする専門職であるが，現状は，先述の通り，社会的認知度・待遇が不十分である。また，医療機関も，医療通訳の必要性を認識していても，雇用

217

には至らず，派遣依頼をするか機械翻訳などの利用で，何とか外国人対応をしていると思われる。

6.まとめ

　在住外国人の日本語能力，医療通訳の現状などを考慮すれば，今後，医療機関の窓口対応として，やさしい日本語で何とかなるものは日本語で，それ以外の場合は，その通訳内容で大きく2つに分けられるであろう。①医療通訳者でなければ扱えないものと②医療従事者で対応できるもの，である。①については，診察室での診療や診断結果を伝える時に代表される「高度な医療知識と通訳技術を要するもの」であり，②については，受付での案内や検査の際の指示に代表される「一般的な案内業務や手続き的なもの」である。特に②の場合は，受付業務担当者や検査担当者などが，定型の表現で説明し，対応するということが求められるようになるかもしれない。

　外国人が現れるのは大都市だけではない時代である。彼らが医療機関受診の際には，特に，最初の受付の場での対応が重要である。そこでまず，やさしい日本語で対応可能かどうかを判断し，日本語が通じないのであれば，医療通訳の必要があることを認識する。ただ，診療科への受診案内や検査などは，定型表現で医療従事者が対応し，その先，診療室内の専門的な話は，正確性を期すためにも医療通訳を要請するなど，うまく使い分ける必要が出てくるであろう。

　以下，受診受付から診察，検査，投薬，会計に渡る一連の流れで必要と思われる英語表現を挙げる。今後の学習の参考にしてほしい。

11-3.外国人患者対応の実際

　本節では，外国人患者に対する対応事例と基本的な用語を示す。近

第11章　国際化

年，翻訳ソフトや会話のためのアプリケーションが続々と開発されているので，これらを積極的に活用しながら，患者対応に取り組みたいものである。

1. 受付─会話での表現

（1）この病院は初めてですか。

Is this your first visit to this hospital?

（2）初診の受付は（　）番カウンターです。

As this is your first consultation, please go to Counter (　).

（3）何科にかかりたいですか。

What section would you like to go to?/Which department would you like to go?

（4）健康保険証をお持ちですか。

Do you have your health insurance card with you?

（5）保険証をお持ちでないと自費診療になります。

If you don't have a health insurance card, you will have to pay the full fee in cash.

（6）この問診票に必要なことを記入して下さい。

Please fill out this medical history form.

219

2. カルテ記載用語

（1）患者：

Patient:

（2）生年月日：H17年10月8日

Birthday: October 8, 2015

（3）住所：

Address:

（4）職業：

Profession:

（5）世帯主との続柄：家族

Relationship with head of household: Family

（6）傷病名：（主）急性上気道炎

Name of sickness: (main) acute upper respiratory inflammation

（7）診察日：2020年1月6日（初診）

Consultation date: January 6, 2020 (first consultation)

3. 症状

（1）・昨夜より発熱　　　　・ぐったりして食欲がない

　　・水分を摂取してない　・咽頭痛　咳　あり

　　・吐き気　あり　　　　・ラッセル音　なし

　　・体温　38.5℃　　　　・体重　14.8kg

［Symptoms］
・Fever since last night　　・Lack of appetite.
・Haven't drunk water　　・Sore throat pharyngalgia cough
・Nausea +　　・Rusell no sound chest.
・body temperature 38.5℃　　・Weight 14.8kg

（2）処方・処置等
・血液検査　Na　Cl　BUN　クレアチニン
・点滴：ソリタ-T3号　200ml
　　　　　プラスチックカニューレ型
　　　　　静脈内留置針（標準型）（@96円）　1本
・処方
　①バセトシン顆粒　450mg
　　フスコデンシロップ　6ml
　　分3×3T
　②アルビニー坐剤（100）　2個
　　薬剤情報提供（文書）

［Prescription and treatment］
・Blood test: Na, Cl, BUN, creatinine
・Infusion: Solita-T3 200ml
　Plastic cannula type
　One intravenous indwelling needle (standard type) (@ 96 yen)
・Prescription
　①Bacetocin granules 450mg
　　Fuscoden syrup 6ml
　　3 times a day × 3 days

②Albinie suppository (100) 2

Drug information provision (document)

4.診察室

【Case 1】

患者：喉が痛くて，咳も出ます。昨夜より発熱しています。

吐き気があり，ぐったりして食欲がないです。

水分も何も摂取してないです。

医師：熱があり，喉も腫れています。風邪と思います。

水分がとれてないので，脱水の可能性があります。点滴をしておきます。

肺炎や腎炎の可能性もあるので，血液検査とレントゲン写真をとっておきます。

Examination room 【Conversation 1】

Patient: I have a sore throat and a cough. I have been feverish since last night.

I have nausea, and I am exhausted and have no appetite.

I haven't taken any water or anything.

Doctor: You have a fever and your throat is swollen. I think you have a cold.

Since you haven't taken enough water, there is a possibility of dehydration.

I'll put you on a drip.

I'll get you to have a blood test and X-rays taken, because there is a possibility of pneumonia and nephritis.

第11章　国際化

【Case 2】

患者：熱は下がりました。食欲もでてきました。

医師：喉の腫れも引いています。もう大丈夫ですよ。

【Conversation 2】

Patient: I am not feverish anymore. I have got an appetite.

Doctor: Swelling of your throat also subsided. It is all right now.

診察日：平成21年1月9日（再診）

【症状】食欲あり，熱も下がった。

　　　　BT　体温　36.8℃

Examination date: January 9, 2009 (re-examination)

［Symptoms］Have an appetite and fever went down.

　　　　　　BT body temperature 36.8℃

5.会計

（1）診察料と（　）日分の薬代で，（　）円になります。

　　The consultation fee and medicine for (　) days comes to (　) yen.

（2）クレジットカードでの支払いは可能ですか。

　　Can I pay by credit card?

（3）お支払いは分割にされますかそれとも1回払いでよろしいですか。

　　Would you like to pay in installments or charge the full amount?

223

（4）この処方箋を，薬局に出して下さい。

　　Please submit this prescription to the pharmacy.

6. 症状に関する英語表現

熱	: fever	熱がある	: I have a fever.
痛み	: pain	痛みがある	: I have a pain.
吐き気	: nausea	吐き気がする	: I feel nauseous. / I feel sick.
下痢	: diarrhea	下痢をしている	: I have diarrhea.

体がだるい　　　　　: I feel tired. / feel exhausted.

食欲がない　　　　　: I have no appetite.

咳が辛い　　　　　　: I have a bad cough.

鼻水が止まらない : I have a runny nose.

便秘をしている　　: I have constipation.

胸が苦しい　　　　: I have a pain in the chest.

息切れ　　　　　　: I am short of breath.

動悸がする　　　　: I have a palpitation.

喘息の発作　　　　: I have asthma.

大変喉が渇く　　　: I feel so thirsty.

痒みがある　　　　: I feel itchy.

目眩がする　　　　: I feel dizzy.

不眠がある　　　　: I have insomnia.

発疹が出る　　　　: I have a rash.

7. 患者対応に必要な英単語

待合室　　　　　　: waiting room

受付　　　　　　　: reception

料金　　　　　　　: price / fee

第11章　国際化

領収書	：receipt
診察室	：examination room
診察代金	：consultation fee

| 入院病棟 | ：inpatient ward |
| 病室 | ：hospital room |

保険証	：insurance card
診察券	：(patient) registration card
予約票	：reservation slip／appointment slip
紹介状	：referral／referral letter

自己負担（3割負担，2割負担，1割負担）：
Self-pay (30% burden, 20% burden, 10% burden)

かかりつけ医師	：family doctor
かかりつけ薬剤師	：family pharmacist
院内薬局	：In-house pharmacy／pharmacy department
院外薬局	：dispensary／dispensing pharmacy／pharmacist's office
薬袋	：medicine bag
先進医療	：advanced [sophisticated] medical technology／highly advanced medical technology

8. 医療職の英語名

医師	：Doctor
歯科医師	：Dentist
薬剤師	：Pharmacist
看護師	：Nurse
助産師	：Midwife

225

保健師	：Public health nurse
管理栄養士	：Dietitian
診療放射線技師	：Clinical radiologist
臨床検査技師	：Laboratory technician
臨床工学技士	：Clinical engineer
理学療法士	：Physical therapist
作業療法士	：Occupational therapist
言語聴覚士	：Speech therapist
社会福祉士	：Social worker
精神保健福祉士	：Mental health worker
歯科衛生士	：Dental hygienist
義肢装具士	：Prosthetics and orthotics
歯科技工士	：Dental technician
救急救命士	：Paramedic
視能訓練士	：Orthoptist
医療事務	：medical office work
福祉事務	：welfare office work
医療秘書	：medical secretary
医療クラーク	：medical clerk
医師事務作業補助者	：medical office assistant
診療情報管理士	：health information manager (HIM)

9. レセプト関連の英語名

［医科］

診療報酬点数表	：medical service fee score table
調剤報酬点数表	：dispensing fee score table
介護報酬点数表	：table of nursing care compensation scores

第11章　国際化

基本診療料	: basic medical fee
特掲診療料	: special medical fee
初診（料）	: first visit (fee) / the fee charged for a patient's first visit
再診（料）	: re-examination (fee) / return visit fee
医学管理（料）	: medical management (fee) / medical supervision charge
処置（料）	: medical treatment (fee)
手術（料）	: surgery (fee)
麻酔（料）	: anesthesia (fee)
輸血（料）	: blood transfusion (fee)
注射（料）	: injections (fee)
投薬	: medication
内用薬（内服薬，屯服薬）：	oral medicine (oral medicine, dose of medicine to be taken only once, PRN)
外用薬	: external use medicine / medicine for external use
薬剤（料）	: medication charge
処方（料）	: prescription (fee)
調剤（料）	: pharmacy charge / compounding fee
生体検査	: biopsy
検体検査	: specimen test
判断料	: judgment fee
採血（料）	: drawing blood (fee)
画像診断（料）	: diagnostic imaging (fee)
リハビリテーション（料）：	rehabilitation (fee)

227

往診（料）	: house call (fee)/the doctor's fee for a visit
訪問診療（料）	: house call medicine (fee)/home medical care/
	home-visit medical treatment
1点＝10円	: 1 point: 10 yen
特定保険医療材料料	: specific insurance medical material fee
入院	: hospitalization/hospital admission
入院基本料	: hospitalization basic fee
入院食	: meals for inpatients
入院期間	: hospitalization period
薬剤情報提供（料）	: drug information (fee)
薬学管理料	: pharmacy management fee
処方箋（料）	: prescription (fee)
時間外加算	: overtime addition
休日加算	: holiday addition
深夜加算	: late-night addition
年齢加算	: age addition
所定点数	: predetermined number of points

［歯科］

抜歯	: dental extraction
欠損補綴－歯科	: crown prosthesis-dentistry
有床義歯－歯科	: plate denture-dentistry

［調剤］

| 調剤基本料 | : basic dispensing fee |
| 加算 | : add |

第11章　国際化

11-4.海外療養費制度におけるレセプト換算業務

1.海外療養費制度とは

　海外渡航中に病気やケガなどにより，やむを得ず現地の医療機関で診療等を受けた場合に，被保険者・被扶養者等（以下被保険者等という）の申請により一部の医療費の払い戻し（給付）が保険者から受けられる制度である。健康保険は昭和56年3月から，国民健康保険は平成13年1月から制度が本施行された。

2.海外療養費給付について

①支給対象

　日本国内で保険診療として認められる医療行為が対象である。

→インプラントや美容整形など，日本の国内で保険適用となっていない医療行為や薬剤については給付対象にならない。

→療養（治療）を目的で海外へ渡航し，診療を行った場合も，給付対象にならない。

②申請・給付（支給）の仕組み

●被保険者等の申請

　被保険者等は必要書類を保険者に提出する。（1～3の様式については記載例示後述）

1）療養費支給申請書（被保険者本人および事業所が記入）

2）海外の医療機関で行われた診療内容明細書（現地の担当医師が記入）

　⇨傷病名，症状，治療，投薬等の詳細が記入されたもの（医科・歯科様式別）

3）領収明細書（現地の担当医師または医療機関事務担当者が記入）

229

⇨支払った金額の明細が詳しく記入されたもの

※2）3）の様式は，医療機関ごと，1か月単位，入院・外来に別々
記載する。傷病名は健康保険用，または国民健康保険用の国際疾
病分類表を用い記載する。

4）領収書原本

5）上記用紙様式は英語，フランス語，中国語など各々の様式の日
本語翻訳を添付する。翻訳文には翻訳者の署名，住所，連絡先な
どが必要である。

6）その他書類
調査に係る同意書，海外渡航期間が確認できる書類（ビザ，航空
チケットのコピー等やパスポート等

●申請期限

申請期限は，海外で医療費を支払った日（受診日）の翌日から起算
して2年である。2年経過した日をもって，申請する権利がなくなる
ので注意が必要である。

●保険者による給付（支給）

保険者は被保険者等より提出された診療内容明細書や領収明細書に
基づき支給金額を算出する。

1）現地で実際に支払った医療費（海外の通貨）を日本の円に換算
した費用（各算出例の最下段：「海外で支払った医療費を円に換
算した額」）

※外貨で支払われた医療費については，支給決定日の外国為替換算
率（売レート）を用いて円に換算して支給額を算出する。（後述
事例にて詳細参照）

2）海外で行った治療（診療）内容について，日本の診療報酬点数

表に基づき置き換えた場合の医療費を算出する。(算定基準)
3) 算出された額(算定基準)の費用のうち,日本の保険診療で定められている患者自己負担割合の費用(患者一部負担金)を差し引いた金額が「海外療養費」として,後日,保険者より被保険者等に給付(支給)される。

※上記1)が2)よりも高い場合…2)から患者一部負担金を控除した額を給付(算出例②)

※上記1)が2)よりも低い場合…1)から患者一部負担金を控除した額を給付(算出例③)

＜海外療養費の算出例①＞

※海外療養費として給付：56,000 円
①日本の算定基準 80,000 円－②自己負担分 24,000 円＝③海外療養費 56,000 円

＜海外療養費の算出例②＞

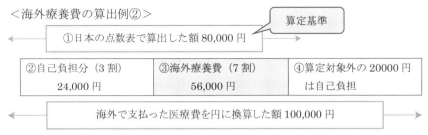

※海外療養費として給付：56,000 円
①日本の算定基準 80,000 円－②自己負担分 24,000 円＝③海外療養費 56,000 円
※海外療養費の算出基準は、あくまでも日本の診療報酬に換算した算出額（80,000 円）により被保険者の保険自己負担分（24,000 円）を引いた額となる。

よって、海外で支払った額 100,000 円－換算算出額＝残額 20,000 円は自己負担となる。

<海外療養費の算出例③>

※海外療養費として給付：56,000 円

　海外で支払った医療費が日本の点数表で算出した額より低い場合は、海外で支払った金額を算定基準として、自己負担分3割 24,000 円を差し引いた額が海外療養となる。
　①海外で支払った額 80,000 円－②自己負担分 24,000 円＝③海外療養費 56,000 円

第11章　国際化

3.海外療養費申請及び日本換算の事例

①療養費支給申請書（複数月まとめて申請記載可能）

被保険者
被扶養者 **療養費支給申請書（海外）**　　（第 2 回目）

（注意事項）
・全て和訳を添付してください。
・渡航履歴のわかるパスポートの写しを添付してください。

海外で療養を受けた申請の場合には、次の用紙の添付が必要です。
(1)診療内容明細書フォームＡおよび領収明細書(フォームＢ)。または、歯科診療内容明細書(フォームＣ)。
(2)社会保険表章用国際疾病分類表(フォームＤ)。

被保険者証の記号・番号	記号番号	111	被保険者が勤務する(していた)事業所の	名 称	▲▲株式会社				
	番号	222		所在地	台北市●●		TEL	（ 　 ）	

傷 病 名	前立腺肥大症,下部尿路症状			発病又は負傷の年 月 日	2023 年 5 月 10 日
発病又は負傷の原因					
傷病の経過	薬剤にて安定				

診療又は手当を受けた医療機関の名称・所在地及び医師の氏名	名 称	●●Hospital	国 名(日本語で記入)	台湾
			所在地及び電話番号	●●●
	氏 名	●●●		TEL （ 　 ）

診療又は手当の内容	検査及び薬の処方	入院期間	自 年 月 日
			至 年 月 日

診療又は手当を受けた期間	自 2023 年 1 月 10 日 至 2023 年 5 月 31 日 （ 日間）	診療又は手当に要した費用の額	金 88,880	通貨単位 NT＄

渡 航 目 的	海外勤務の為
渡 航 期 間	年 月 日 ～ 年 月 日

被扶養者に関する申請のとき	氏 名		生年月日	昭平 年 月 日	被保険者との続柄	

上記の通り申請します。　　　　　　　　2023 年 5 月 31 日

住所 台湾台北市

被保険者の TEL ●●●

氏名 日本 太郎　　　㊞

健康保険組合理事長殿

支払希望の銀行又は信用金庫 **普通預金指定**					受付日付印
銀行金庫	銀行コード		支店	支店コード	
普通預金	口座番号(右詰で7桁記入ください)				
口座名義人	フリガナ				

レセプト健康保険組合

①海外療養申請書

233

②診療内容明細書（入院・外来別 1月1枚）事例2023年5月診療分（外来）

Form A
様式A

1. This form is used for claiming the social insurance benefit.
   この様式は社会保険の給付の申請に使用されます。
2. This form should be completed and signed by the attending physician.
   この様式は担当医が書き、かつ署名して下さい。
3. One form for each month, one form for hospitalization/outpatient and home visit.
   各月毎、入院・入院外毎に、この様式が1枚必要です。

Attending Physician's Statement
診療内容明細書

1. Name of patient (Last, First)　　　　Age (Date of Birth)　　　　　Sex （Male ・Female)
   患者名 **日本 太郎**　　　　　年令(生年月日) **1960/2/10**　　　　性別 （**男**・女 ）

2. Name of Illness or Injury preferably with Number of International Classification of Diseases for the use of Social Insurance (See the FormD)
   傷病名及び社会保険表章用国際疾病分類番号(FormD参照) **1405,1404 Hyperplasia of Prostate with lower urinary tract symptom**

3. Date of First Diagnosis :　**May 10**　　　　，　　2022
   初 診 日

4. Days of Diagnosis and Treatment:　　　1　days
   診療日数

5. Type of Treatment
   治療の分類
   ☐ Hospitalization :　　　From　　　，　　　to　　　（　days)
   　入　院　　　　　　自　　　　　　至　　（　　日間)

   ☑ Out patient or Home Visit :　**May 8**　　**2023**　　　　．
   　入院外　　　　　　　　　　　，

6. Nature and Condition of Illness or Injury（in brief)
   症状の概要　**Hyperplasia of Prostate with lower urinary tract symptom ELevated Prostate specific antigen**

7. Prescription, operation and any other treatments（in brief)
   処方, 手術その他の処置の概要　**medicatino and examination**

8. Was the treatment required as a result of an accidental injury ?　　Yes ☐　　No ☑
   治療は事故の傷害によるものですか。　　　　　　　　はい　　いいえ

9. Itemized amounts paid to Hospital and /or Attending physician : Form B
   治療実費　　　　　　　　　　　　　　　　　　　**様式B**

10. Name and Address of Attending Physician
    担当医の名前及び住所

    Name 名前　 : Last 姓　●●　　　　　　First 名●●
    Address 住所 :Home 自宅 Phone 電話 1111－1111

    　　　　　Office 病院又は診療所 ●●Hospital　　Phone 電話 2222-2222

    Date 日付 **May 8 2023**　　　　　Signature 署名 ●●●

    　　　　　　　　　　　　　　　　　Attending Physician 担当医
    Reference Number of your Medical Record (if applicable)
    　　　　診療録の番号 **11122233**

234

第11章　国際化

③領収明細書

Form B
様式 B

Itemized Receipt
領収明細書

(1) Fee for Initial Office Visit	初　診　料	$
(2) Fee for Follow-up Office Visit	再　診　料	$ 300-
(3) Fee for Home Visit	往　診　料	$
(4) Fee for Hospital Visit	入院管理料	$
(5) Hospitalization	入　院　費	$
(6) Consultation	診　察　費	$ 700-
(7) Operation	手　術　費	$
(8) Professional Nursing	職業看護婦費	$ 900-
(9) X-Ray Examinations	X線検査費	$
(10) Laboratory Tests	諸 検 査 費	$ 8,382-
(11) Medicines	医　薬　費	$ 1,298-
(12) Surgical Dressing	包　帯　費	$
(13) Anesthetics	麻　酔　費	$
(14) Operating Room Charge	手術室費用	$
(15) The Others (Specify)	その他(特記せよ)	$	$
		$	$
(16) Total	合　　計	$ NTD 11,580-

Important: Exclude the amount irrelevant to the treatment, i. e, payment for luxurious room
注意　： charge.
　　　　高級室料等治療に直接関係のないものは除いて下さい。

Name and Address of Attending physician ／ Superintendent of Hospital or Clinic
　　　　担当医又は病院事務長の名前及び住所

Name　： 名前	Last 姓　　●●		First 名　●●	Title
Address　： 住所	Home 自宅　　1111－1111		Phone 電話	
	Office 病院又は診療所　●●Hospital		Phone 電話 2222－2222	
Date 日付	May 8　2023		Signature 署名　　●●●	

④**海外療養費給付額算定書（日本の保険診療に置き換え換算した様式）**

1）被保険者等より①療養費支給申請書，②診療内容明細書，③領収明細書，その他の書類を保険者に提出

2）保険者にて海外療養給付算定書を作成

3）海外療養費の支給⇨前述の算出例示②と同様

　算出した下部の①海外で支払った額より②日本の点数に置き換えた算定基準額が低い場合は②の17,130円―患者負担割合3割5,140円=11,990円が海外療養費として支給される。（支給額の1円未満の端数は，切り捨て）

［参考文献及び参考URL］

1）観光局「年別訪日外客数，出国日本人数の推移」
https://www.jnto.go.jp/jpn/statistics/marketingdata_outbound.pdf（2023.2.13アクセス）

2）法務省「令和4年6月末現在における在留外国人数について」
https://www.moj.go.jp/isa/policies/statistics/toukei_ichiran_touroku.html（2023.2.13アクセス）

3）厚生労働省「外国人患者受け入れ体制に関する厚生労働省の取組」
https://www.mhlw.go.jp/content/10800000/000399662.pdf（2019.12.28アクセス）

4）出入国在留管理庁令和3年度在留外国人に対する基礎調査報告書（概要版）（令和4年8月19日訂正）
https://www.moj.go.jp/isa/content/001377401.pdf（2023.3.14アクセス）

5）社会言語科学（2010）「生活のための日本語：全国調査」

6）「外国人住民調査報告書〈訂正版〉」公益財団法人人権教育啓発推進センター 平成28年度法務省委託調査研究事業2017年6月
https://www.moj.go.jp/content/001226182.pdf（2023.2.13アクセス）

7）東京都在住外国人向け情報伝達に関するヒアリング調査（東京都国際交流委員会2018）
https://tabunka.tokyo-tsunagari.or.jp/info/files/a70d5ac7db12bd5c538a3b-

第 11 章　国際化

38f2a01613c262657e.pdf（2023.3.14アクセス）
8）一般社団法人全国医療通訳者協会
https://national-association-mi.jimdofree.com/（2023.3.14アクセス）

237

第12章
日本と海外の医療制度

本章では，私たちの命と健康を守る医療保険制度について学んでいきたい。国際化が進んだ現在では，国内のみならず諸外国の医療制度についても，その概略と特徴は知っておく必要がある。

12-1.日本の医療制度

日本の医療制度の特徴は，**国民皆保険，社会保険方式，フリーアクセス**である。わが国は，昭和36年（1961年）に国民皆保険を達成し，すべての国民が何らかの公的医療保険に加入している。保険事業の運営は国民の拠出した保険料を主な財源として行われる。これを社会保険方式という。また，わが国では，被保険者証1枚でいつでもどこでも医療を受けることが可能である。これをフリーアクセスという。

疾病・負傷（病気・ケガのこと）は，その多くが不測の事態であり，高額な医療費のために普段から備えておくことは不可能に近い。そのため，保障を必要とする人々がお金をあらかじめ出し合って，運営資金を確保し，必要な人に給付するという保険の仕組みが考えられるようになった。医療保険は，このような考えのもとに運営されている。

国民は，医療保険の運営資金として保険料を納付し，保険に加入している証明として**被保険者証**（一般に保険証と呼ばれている）が1人につき1枚交付される。医療保険を扱う医療機関を**保険医療機関**といい，医療保険を扱う医師を**保険医**という。この制度により，患者はかかった医療費の3割までの負担で済むようになったのである。

保険医療機関は医療法により細かく規定されている。病床数が19床以下，または外来専門の医療機関を**診療所**といい，病床数20床以上の医療機関を**病院**という。

240

1.医療保険の種類

　医療保険は，職業や勤務先によって**国民健康保険**と**社会保険**（被用者保険，職域保険，医療保険ともいう）に分類される。社会保険は**社保**，**医保**とも呼び，民間企業に勤める会社員，公務員，船員などが対象である。**国民健康保険は国保**とも呼び，自営業を営む者などが対象である。75歳以上になると**後期高齢者医療制度**の適用となる（図12-1）。

　医療保険の適用を受けるためには，保険料を納める必要がある。保険料を納める者を被保険者といい，本人とも呼ぶ。被保険者が扶養している者を被扶養者といい，家族とも呼ぶ。

（1）社会保険

　社会保険は，サラリーマン等の被用者を対象とした保険である。勤務先によって以下のように分類される。

◇全国健康保険協会管掌健康保険（協会けんぽ）

　民間の事業所に従事する事業主，従業員とその家族が対象である。常時5人以上の従業員を雇用する事業所は強制加入となる。

◇組合管掌健康保険

　民間の事業所に従事する事業主，従業員とその家族が対象である。従業員が常時700人以上の事業所，又は2以上の事業所で合わせて3,000人以上の従業員を雇用する事業所が対象である。

◇日雇特例被保険者

　日雇労働者とその家族を対象とする。就労が継続的でないため，保険料は日額で設定され，就労した日に賃金から差し引かれて納付する。

◇船員保険

　船員法に規定する船員とその家族が対象である。

◇各種共済組合

　各種共済組合員法に規定する，国家公務員，地方公務員，私立学校教

【図12-1】日本の医療保険一覧

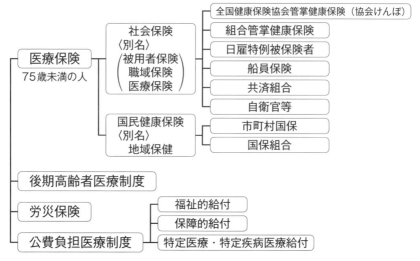

(出典) 筆者作成

職員，警察官等が対象である。
◇自衛官等
　自衛官，訓練招集中の予備自衛官，防衛大学校・防衛医科大学校・防衛省管轄の訓練学校の学生を対象とする。この保険の加入者は被保険者（本人）のみであり，被扶養者（家族）は国家公務員家族として扱われる。

(2) 国民健康保険
　社会保険加入者以外の者が対象である。（地域保険ともいう）
◇市町村国保
　市区町村が保険者となって運営する。
◇国保組合
　同業種の人たちで作った組合の組合員とその家族，従業員が対象であ

る。

(3) 後期高齢者医療制度

長寿医療制度ともいい，「高齢者の医療の確保に関する法律」に基づいて運用される独立した保険である。75歳以上の高齢者と65歳以上の一定の障害者も含まれる。ただし，生活保護による医療扶助を受けている場合は対象とならない。

(4) 公費負担医療制度

公費負担医療制度は，医療保険制度と並ぶ重要な保障体系の一つである。給付の性質によって**福祉的給付，保障的給付，特定医療・特定疾病医療給付**に分類される。

◇福祉的給付

社会的弱者，貧困者の救済を目的としている。生活保護法，児童福祉法，母子保健法等がある。

◇保障的給付

国家補償的意味を持つ給付である。戦傷病者特別援護法，原子爆弾被爆者に対する援護に関する法律等がある。

◇特定医療・特定疾病医療給付

原因が不明で治療方法が確立していない，いわゆる難病に関する給付を行う。難病法，小児慢性特定疾病医療等がある。

(5) 労災保険

労働者災害補償保険法といい，労災保険に加入している事業所の従業員が対象である。業務上（業務災害），通勤途上（通勤災害）での疾病・負傷・障害・死亡について保障が行われる。

243

2. 保険給付と一部負担金

給付は**現物給付**と**現金給付**に大別される。

現物給付は，保険給付分を診療行為や薬剤，医療材料等で給付することである。**療養の給付**ともいう。患者は医療費の一部を負担するだけで済む。患者の負担する医療費を一部負担金と呼び，年齢によって以下のように割合が設定されている。

◇6歳未満（義務教育就学前）‥‥2割
◇6歳以上70歳未満‥‥3割
◇70歳以上75歳未満‥‥2割，現役並み所得者は3割
◇75歳以上‥‥1割，一定以上所得者2割，現役並み所得者は3割

現金給付は，現金を給付する制度で，**療養費**，傷病手当金，出産手当金，出産育児一時金，埋葬料，移送費等がある。療養費とは，海外での受診等，やむを得ない事情で被保険者証が使えなかった場合，患者は一旦，全額を支払い，後日保険給付分を現金で受け取る方法のことである。療養費払い，償還払いとも呼ぶ。

12-2. 海外の医療制度

1. 韓国の医療制度

韓国ではすべての国民が国民健康保険制度に加入する義務があり，日本と似ているが，保険者は**国民健康保険公団**のみである。サラリーマン（被用者）は**職場加入者**，それ以外の者は**地域加入者**となる。日本との大きな違いは，保険診療と自由診療の併用（混合診療）が認められていることである。

自己負担割合は以下の通りである。

◇入院‥‥すべての医療機関で2割，食事代5割
◇外来‥‥医療機関の種類により3割～6割，薬局3割

2. 中国の医療制度

　医療保険制度の対象者は「都市部の就労者（強制加入）」「都市部の非就労者」「農村住民」の3タイプに分かれて運営されていたが，2016年に「都市部の非就労者」「農村住民」が統合され，**都市職工基本医療保険**（強制加入）と**都市・農村住民基本医療保険**（任意加入）の2本立てとなった（表12-1）。「都市・農村住民基本医療保険」は任意加入であるが，2018年末に加入者は13億4,452万人に達し，加入率は95％を超えるまでになった。中国政府は2020年までの国民皆保険達成を目標に政策を進めている。

　医療保険給付の対象となる病院および薬局は政府が指定した3～5か所の施設から被保険者が選択する。指定以外の施設を利用した場合は保障が受けられない。患者負担は医療機関の種類によって異なっており，規模の大きい医療機関ほど負担率が高い。

3. 台湾の医療制度

　台湾は，「皆保険」を達成し，全住民を対象とした医療保険制度として**全民健康保険**を実施している。保険者は中央健康保険局という機関のみで運営している。被保険者は職業等によって第1類～第6類に分かれている。分娩も医療保険により給付される。

　患者負担は以下の通りである。

◇入院‥‥定率：病床および入院期間により5％～30％
◇外来‥‥定額：医療機関の種類で決める
◇訪問看護‥‥5％

[表12-1] 中国の公的医療保険制度の体系

	公的保険制度		
	都市		農村
	就業者	非就業者	農村住民
制度	都市職工基本医療保険（1951年導入、1998年制度改正）	都市・農村住民基本医療保険（2016年に制度統合を発表）[旧] 都市住民基本医療保険（2007年導入）	都市・農村住民基本医療保険（2016年に制度統合を発表）[旧] 新型農村合作医療保険（1959年導入、2003年制度改正）
被保険者	都市で働く企業就労者（都市戸籍・農村戸籍）・自営業者・公務員など	都市戸籍の非就労者・学生・児童など	農村住民
加入形態	強制加入	任意加入	任意加入
加入者数	2億9,532万人（2016年）	4億4,860万人（2016年）	6億7,000万人（2015年）
加入状況	52.4%（現役の加入者数／都市の就業者人口で算出、2016年）	－	98.8%（国家衛生・計画出産委員会発表、2015年）
制度構造	1階：基本的な医療費の給付 2階：高額な入院費、特殊疾病通院費などを給付 個人口座：通院治療費、薬代の支払いに活用（1階・2階とも公的医療保険基金から給付）	1階：基本的な医療費の給付 2階：高額な入院費、特殊疾病通院費などを給付（1階は公的医療保険基金から給付）	1階：基本的な医療費の給付 2階：高額な入院費、特殊疾病通院費などを給付（大病保険）（1階は官民協働運営の大病医療保険から給付）
保険料	1階【基本医療保険】・事業主負担：従業員の賃金総額×8% ・従業員負担：従業員の前年平均賃金×2% 2階【高額医療保険】・各地域で異なる	1階【基本医療保険】・予め設定された複数の保険料から選択して納付 2階【大病医療保険】・基本的にはなし	1階【基本医療保険】・複数の保険料から選択して納付（保険料は各地域で異なる）2階【大病保険】
保険者（給付）	1階、2階ともそれぞれの保険料を積み立てた基金から給付	1階部分は保険料を積み立てた基金から給付、2階部分は1階部分の保険料負担・基金積立金から一定額を転用して給付	
財源	保険料、個人負担	保険料、国庫、個人負担	

（出典）ニッセイ基礎研究所ホームページ
https://www.nli-research.co.jp/report/

246

4.ベトナムの医療制度

　医療保険は国が運営し，すべての国民がその対象者である。ベトナム政府は，2020年までに加入率を80％に引き上げることを目標としている。しかし，加入率は7割程度に留まっており，国民皆保険は達成されていない。保険加入率には地域によって50％〜80％程度の開きがあり，経済格差や貧困率の高い地域の存在等の影響があると言われている。

　診察および治療にかかった費用は「国民保険基金」と「患者」が負担する。負担割合は被保険者の種類によって異なるが，原則0〜2割程度の患者負担である。ベトナムでは，傷病の状態によって医療機関のレベルを決定する。したがって，上位レベルの病院へ患者を移送する場合の費用も保険給付の対象である。適切なレベルの病院で治療を実施しなかった場合は2015年から保険給付はされなくなった。

5.アメリカの医療保険制度

　アメリカでは，政府が個人に干渉しないことと州の持つ権限が強いことから，国家単位の制度が浸透しにくい現状にある。

　アメリカの公的医療保障は，高齢者医療を保障するメディケア（Medicare），低所得者を保障するメディケイド（Medicaid）であり，医療分野には全世代をカバーする制度は存在しない。現役世代の医療保障は民間医療保険が中心であり，2017年現在，民間医療保険加入者は67％余りである。したがって，アメリカには無保険者が一定割合で存在しており，疾病・負傷により生活が破綻する危険性を常に抱えているといえる。

　2014年の医療制度改革により，民間の医療保険を含めたいずれかの医療保険への加入義務ができたもののトランプ政権に移行後加入義務は廃止されている。医療政策の動向を今後も注意深く見守っていく必要がある。

247

6. ドイツの医療保障制度

　ドイツは社会保険制度を取り入れており，わが国が制度整備の際に手本とした国でもある。ドイツでは，公的医療保険（GKV）と民間医療保険（PKV）の2つの制度が運用されている。

　公的医療保険制度は連邦保健省の管轄であり，**疾病金庫**（2018年現在110金庫）が運営主体である。国民の約88％が加入している。患者負担は，入院のみ1日10ユーロ（年間28日まで），薬剤料は価格の1割である。

　民間保険の加入者は国民の約12％である。加入できるのは，公務員，学生，自営業者，高所得者である。保険料，保障内容については保険会社によって様々である。

7. フランスの医療保険制度

　フランスはドイツ，日本と同様，社会保険方式を採用しており，すべての国民は保険料の納付義務を負う。2018年現在，人口の99％が何らかの公的医療保険に加入している。職域ごとの基礎保険，学生用の基礎保険等から構成されており，地域保険（日本の国民健康保険）は存在しない。退職後も原則として退職前に加入している保険の適用を受ける。

　医療費の支払いは原則として**償還払い**である。一旦，医療費の全額を支払い，被保険者が払い戻しの手続きを行う。近年，カルト・ヴィタル（Carte Vitale）という被保険者証にICチップが付いていることから，カード読み取り機が導入されている病院では，患者負担分のみの支払いができるようになってきた。しかし，被保険者証が届くまで3か月ほどかかるため，その間は，加入手続き時に発行される**保険加入証明書**で医療保障を受けることになっている。

248

第12章　日本と海外の医療制度

8.イギリスの医療保険制度

イギリスでは，保健・公的介護省が管掌する**国民保健サービス（NHS）**による公費負担医療が実施されている。医療は主に税金で賄われており，原則としてすべての国民に医療サービスを無償で提供している。薬剤料のみ一部負担金があるが，60歳以上，16歳未満，低所得者には負担が免除される。

受診方法はフリーアクセスではなく，国民は登録されたGPと呼ばれる一般家庭医の診察を受ける。必要があれば，GPの紹介により病院の専門医を受診することになっており，診療所と病院の機能分化が進んでいる。したがって，軽症の患者が大病院を受診することはなく，わが国とは大きく異なっている。

［引用・参考文献］
・医療秘書教育全国協議会編（2017）『改訂　医療関連法規』建帛社
・杉本恵申編集協力（2018）『診療点数早見表』医学通信社
・厚生労働省定例報告（2018）『2018年の海外情勢報告』
・守本とも子（2020）『看護職をめざす人の社会保障と社会福祉』みらい

第13章
介護レセプト

13-1. DELと介護報酬

　介護保険制度は，1997年12月に法律が成立し，2000年からスタートした。日本で5番目の社会保険として，「介護を社会保険で担う仕組み」が開始されている。介護保険制度の保険者は，市町村（特別区を含む）であり，地域保険である。その財源は，税金（公費：50％）と介護保険料（50％）で運営されている。

　介護保険の対象となる被保険者は，40歳以上と年齢が定められている。具体的には市町村の区域内に住所を有する65歳以上の人を第1号被保険者，市町村の区域内に住所を有する40歳以上65歳未満で医療保険に加入している人を第2号被保険者という。つまり，40歳以上の人が介護保険料を支払い，介護保険の介護サービスを利用することができる仕組みとなっている。老齢年金，遺族年金，障害年金を年額18万円以上受給している第1号被保険者は，年金からの天引き（特別徴収）で

【図13-1】介護保険制度の仕組み

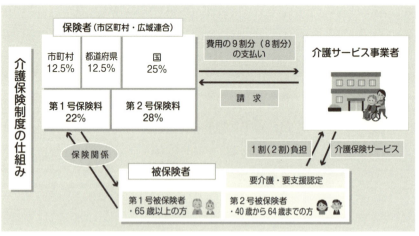

（出典）厚生労働省「介護保険制度について」より

第13章　介護レセプト

【図13-2】介護保険の加入者と特定疾病

	65歳以上の方（第1号被保険者）	40歳から64歳の方（第2号被保険者）
対象者	65歳以上の方	40歳以上65歳未満の健保組合、全国健康保険協会、市町村国保などの医療保険加入者 （40歳になれば自動的に資格を取得し、65歳になるときに自動的に第1号被保険者に切り替わります。）
受給要件	・要介護状態 ・要支援状態	・要介護（要支援）状態が、老化に起因する疾病（特定疾病※）による場合に限定。
保険料の徴収方法	・市町村と特別区が徴収 （原則、年金からの天引き） ・65歳になった月から徴収開始	・医療保険料と一体的に徴収 ・40歳になった月から徴収開始

※ 特定疾病とは

1　がん（末期）	9　脊柱管狭窄症
2　関節リウマチ	10　早老症
3　筋萎縮性側索硬化症	11　多系統萎縮症
4　後縦靭帯骨化症	12　糖尿病性神経障害、糖尿病性腎症および糖尿病性網膜症
5　骨折を伴う骨粗鬆症	
6　初老期における認知症	13　脳血管疾患
7　進行性核上性麻痺、大脳皮質基底核変性症およびパーキンソン病	14　閉塞性動脈硬化症
	15　慢性閉塞性肺疾患
8　脊髄小脳変性症	16　両側の膝関節または股関節に著しい変形を伴う変形性関節症

（出典）厚生労働省「介護保険制度について」より

　介護保険料を納めることになる。年金の受給額が年額18万円未満の人は普通徴収となる。第2号被保険者の場合，加入している医療保険料に介護保険料が上乗せされ，納めることとなる。また，40歳から64歳で医療保険に加入していない人は，介護扶助（生活保護法）の対象となる。

　実際に介護保険を使うことができるのは，市町村が行っている「要介護・要支援認定申請」で要支援または要介護状態と認定された人である。また，第2号被保険者の場合，要介護・要支援状態であったとしても，介護が必要な状態となった要因が，政令で定める16種類の特定疾病に該当しなければ介護保険を使うことはできない。

253

【表13-1】介護サービスの種類と介護給付費明細書様式

区　分	介護給付		サービス
	サービス種類	明細書様式	
居宅サービス	訪問介護 訪問入浴介護 訪問看護 訪問リハビリテーション 居宅療養管理指導 通所介護 通所リハビリテーション 福祉用具貸与	様式第二	介護予防訪問介護 介護予防訪問入浴介 介護予防訪問看護 介護予防訪問リハビ 介護予防居宅療養管 介護予防通所介護 介護予防通所リハビ 介護予防福祉用具貸
地域密着型 サービス	夜間対応型訪問介護 認知症対応型通所介護 小規模多機能型居宅介護 （短期利用以外） 小規模多機能型居宅介護 （短期利用） 定期巡回・随時対応型訪問介護看護 看護小規模多機能型居宅介護 （短期利用以外） 看護小規模多機能型居宅介護 （短期利用）		介護予防認知症対応 介護予防小規模多機 （短期利用以外） 介護予防小規模多機 （短期利用）
居宅サービス	短期入所生活介護	様式第三	介護予防短期入所生
	介護老人保健施設における 短期入所療養介護	様式第四	介護老人保健施設に 介護予防短期入所療
	病院・診療所における 短期入所療養介護	様式第五	病院・診療所におけ 介護予防短期入所療
地域密着型 サービス	認知症対応型共同生活介護 （短期利用以外）	様式第六	介護予防認知症対応 （短期利用以外）
居宅サービス	特定施設入居者生活介護 （短期利用以外）	様式第六の三	介護予防特定施設入
	特定施設入居者生活介護 （短期利用）	様式第六の七	
地域密着型 サービス	地域密着型特定施設入居者生活介護 （短期利用以外）	様式第六の三	
	地域密着型特定施設入居者生活介護 （短期利用）	様式第六の七	
地域密着型 サービス	認知症対応型共同生活介護 （短期利用）	様式第六の五	介護予防認知症対応 （短期利用）
居宅介護支援・ 介護予防支援	居宅介護支援	様式第七	介護予防支援
施設サービス	介護福祉施設サービス	様式第八	
地域密着型 サービス	地域密着型介護老人福祉施設入所者生活介護		
施設サービス	介護保健施設サービス	様式第九	
	介護医療院サービス	様式第九の二	

（出典）WAMNET「②介護給付費請求書等の記載要領について別表)」

予防給付		介護予防・日常生活支援総合事業	
種類	明細書様式	サービス種類	明細書様式
護 リテーション 理指導 リテーション 与	様式第二の二	訪問型サービス（みなし） 訪問型サービス（独自） 訪問型サービス（独自／定率） 訪問型サービス（独自／定額） 通所型サービス（みなし） 通所型サービス（独自） 通所型サービス（独自／定率） 通所型サービス（独自／定額） その他の生活支援サービス（配食／定率） その他の生活支援サービス（配食／定額） その他の生活支援サービス（見守り／定率） その他の生活支援サービス（見守り／定額） その他の生活支援サービス（その他／定率） その他の生活支援サービス（その他／定額）	様式第二の三
型通所介護 能型居宅介護 能型居宅介護			
活介護	様式第三の二		
おける 養介護	様式第四の二		
る 養介護	様式第五の二		
型共同生活介護	様式第六の二		
居者生活介護	様式第六の四		
型共同生活介護	様式第六の六		
	様式第七の二	介護予防ケアマネジメント	様式第七の三

自己負担金の割合は，原則1割であるが，所得の状況に応じて，2割負担あるいは3割負担の場合がある。介護報酬とは，診療報酬になぞらえて名づけられたものであり，請求の仕組みは似ているものの，介護保険（介護報酬）はあくまでも医療保険とは異なって，現物給付化した制度であり，本来は償還払いの仕組みを「法定代理受領」という手続きを用いて，あたかも診療報酬と同じような形で利用できる体系となっている。また，点ではなく，「単位」という表現を用いている。一単位当たりの金額（単価）は，介護事業所の所在地（1級地から7級地＋その他までの計8段階）や介護サービスの種類によって10円から11.40円に定められている。

　介護サービスは居宅サービス，居宅介護支援（ケアマネジメント），施設サービス，介護予防サービス，介護予防支援，介護給付の地域密着型サービス，予防給付の地域密着型サービスなどがあり，それぞれのサービスによって使用する介護レセプトの様式は異なる。

　さらに，居宅サービスや地域密着型サービスの場合，1月に利用できるサービスの限度額（支給限度基準額）が設けられている点やケアマネジャーのいる居宅介護支援事業所等から給付管理票が提出され，国民健康保険団体連合会で各事業所からの請求情報と突合される仕組みが，医療保険と異なる。利用者負担の軽減制度として，社会福祉法人等による利用者負担の軽減制度や高額介護サービス費などが設けられている。

　介護報酬の改定は3年に一度行われる。6年に一度は医科診療報酬と同時改定となる。診療報酬が，中央社会保険医療協議会で決められていくのに対して，介護報酬は，社会保障審議会の介護給付費分科会で検討される。近年，介護報酬は改定の度に複雑化する傾向があり，小規模な介護事業所は，そのスケールメリットを有しないことで経営上の困難に直面する傾向もうかがえる。

　介護保険における改定の歴史は，表13-2の通りである。介護保険の

256

第13章　介護レセプト

【表13-2】介護保険における改定の歴史

期	年	介護保険に関する歴史で押さえておく重要事項
	1997年	介護保険法が成立。
第1期	2000年	介護保険がスタート。※制度が開始されることを施行という。
第2期	2003年	介護報酬の見直しが初めて行われた。 ※介護報酬の見直しのことを「改定」という。
	2005年	施設サービスの利用者にも食費負担，滞在費負担が求められるようになった。同時にそのことに対する補助制度（補足給付：特定入所者介護サービス費）が始まった。
第3期	2006年	介護報酬の改定が行われた。（診療報酬との同時改定） 介護予防という考え方，方向性が本格的に出された。 地域包括支援センター，地域支援事業が始まった。 地域密着型サービスが始まった。介護サービス情報の公表という仕組みが始まった。
第4期	2009年	介護報酬の改定が行われた。
第5期	2012年	介護報酬の改定が行われた。（診療報酬との同時改定） 「地域包括ケア」という考え方が登場した。 定期巡回随時対応サービスや複合型サービスができた。
第6期	2015年	介護報酬の改定が行われた。 介護老人福祉施設（特別養護老人ホーム）に入所できる人は，原則，要介護3以上となった。 訪問介護，通所介護を地域支援事業（介護予防・日常生活支援総合事業）に移行するということが始まった。 一定以上所得のある人の2割負担が始まった。 介護職員処遇改善が始まった。
第7期	2018年	介護報酬の改定が行われた。（診療報酬との同時改定） 所得の高い利用者の自己負担割合3割という仕組みが導入された。 自立支援・重度化防止という考え方がより積極的に扱われるようになった。 障害者との共生型サービスができた。 介護医療院ができた。
第8期	2021年	介護報酬の改定が行われた。 感染症への対応（「委員会の開催」「指針の整備」「研修の実施」「訓練の実施」の義務付け）がうたわれるようになった。 ケアの質の向上を図る取り組み（データ提出とフィードバックによる科学的介護の導入：LIFE）が始まった。 無資格の介護職員に対する「認知症介護基礎研修」受講の義務付けが始まった。

（出典）筆者作成

事業計画は3年ごとに見直しをされる。期とは3年を指す。

13-2.介護レセプト

　介護レセプトの正式名称は，介護給付費請求書・介護給付費明細書である。介護レセプトの請求は，一か月ごと，利用者ごと，サービスの種類ごとに行う。介護給付費請求書は，総括表であり，保険単位数，費用合計，保険請求額などが記載されている。介護給付費明細書は，提供したサービス内容と単位数を記入する利用者別の請求帳票である。介護給付費明細書の基本情報部分は，被保険者情報，請求事業者情報，サービス提供機関，公費負担番号などから構成されている。

　介護給付費請求書，介護給付費明細書は，サービスを実施した月の翌月10日までに審査支払機関である国民健康保険団体連合会に提出する。提出の仕方には伝送（インターネット）や磁気媒体を送付する方法と紙の帳票を送る（持参）方法がある。国民健康保険団体連合会は，伝送（インターネット）を推奨している。審査を通過した介護報酬は，サービス提供月の翌々月に支払われる。介護給付費明細書などの記載に誤りがある場合等は，返戻等がなされたりすることにある。

　介護報酬の請求事務では，基本的なものは，介護給付費単位数等サービスコード表にすでに計算されている合成単位数が記載されている。サービスコード表に載っていないものは，算定基準に基づき計算して単位数を求めることになる。その際に，小数点第1位以下の端数が生じる場合は，小数点第1位以下を四捨五入するルールとなる。また，単位数に単位数単価をかけて金額にする際に，小数点第1位以下の端数が生じた場合は切り捨てるルールとなる。

　介護レセプトは，記載がメインの形式である（図13-3参照）。

　記入の仕方は，以下の通りである。右上の何年何月分の請求であるか

を記入した上で，保険者番号を記入する。被保険者情報，請求業者情報等を記入する。給付費明細欄のサービス内容に，サービスコード表に基づいてサービス内容略称を記入する。サービスコード，単位数回数，サービス単位数を記入する。請求額集計欄は，サービス種類コード，名称，サービス実日数を記入する。居宅サービスの場合は，介護支援専門員が作成した計画単位数を記入する。単位数単価を記入する。給付率を記入する。⑦の給付単位数に単位数単価をかけて10割分を算出し，端数処理を行った後，9割給付の場合は0.9をかけて保険請求額を算出する。10割分から保険請求額を引いて，利用者負担額を算出する。

13-3.LIFEについて

2021年4月の介護報酬改定に伴いLIFE（ライフ）というシステムによる科学的介護の推進が本格化している。これは，根拠のある介護保険情報システム（Long-term care Information system For Evidence；LIFEライフ）という意味で，「科学的介護情報システム」と言われるものである。介護施設や事業所での介護データを国の方に送り，データ分析がなされて事業者や個人に再びフィードバックされるという仕組みを目指している。データを送付した事業所には介護報酬上の加算が設けられている。データの送付はExcelファイルの簡易版のようなものであるCSVファイルで送られる。

このシステムは，2021年4月に先立って行われていた栄養，認知症，口腔機能のデータベースシステムであるCHASE（チェイス）とリハビリテーションのデータベースであるVISIT（ビジット）を融合させて新たにLIFEとしてスタートしたものである。

1990年代以降，医療分野においては，「エビデンスに基づく医療（Evidence Based Medicine：EBM）」が実施されてきたが，介護分野にお

【図13-3】介護レセプト

様式第二（附則第二条関係）

居宅サービス・地域密着型サービス介護給付費明細書

（訪問介護・訪問入浴介護・訪問看護・訪問リハ・居宅療養管理指導・通所介護・通所リハ・福祉用具貸与・定期巡回・随時対応型訪問介護看護・夜間対応型訪問介護・地域密着型通所介護・認知症対応型通所介護・小規模多機能型居宅介護（短期利用以外）・福祉用具貸与（短期利用以外）・小規模多機能型居宅介護（短期利用））・複合型サービス（看護小規模多機能型居宅介護（短期利用以外）・複合型サービス（看護小規模多機能型居宅介護・短期利用））

令和　　年　　月分

公費負担者番号	
公費受給者番号	
保険者番号	

請求事業者

事業所番号	
事業所名称	
所在地	〒
連絡先	電話番号

被保険者

被保険者番号	
（フリガナ）	
氏名	1.明治　2.大正　3.昭和
性別	1.男　2.女
生年月日	年　月　日
要介護状態区分	要介護 1・2・3・4・5
認定有効期間	1.平成　2.令和　　年　月　日 から　　年　月　日 まで

居宅サービス計画	1. 居宅介護支援事業者作成　事業所番号
	2. 被保険者自己作成
開始年月日	1.平成　2.令和　　年　　月
中止年月日	1.平成　2.令和　　年　　月　　日
中止理由	1.非該当　3.医療機関入院　4.死亡　5.その他　6.介護老人福祉施設入所　7.介護老人保健施設入所　8.介護療養型医療施設入院　9.介護医療院入所

サービス内容	サービスコード	単位数	回数	サービス単位数	公費分回数	公費対象単位数	摘要

（出典）ヘスケット他著（2006）

第13章 介護レセプト

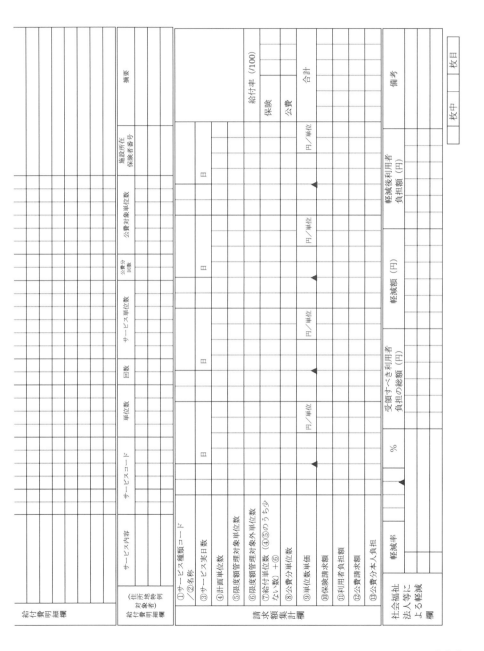

【図13-4】LIFEを活用したPDCAサイクル（イメージ）

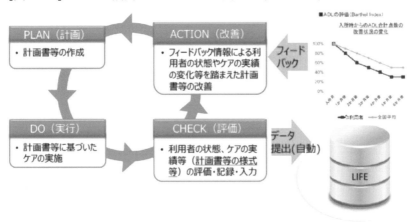

（出典）ケアの質の向上に向けた科学的介護情報システム（LIFE）利活用の手引き（株式会社三菱総研ホームページ）

いても科学的手法に基づいてエビデンスを蓄積し循環できるシステムを形成する必要があるとして提案されるものである。

13-4. 介護専門用語と会話表現（英語）

1. 介護に関する会話と専門用語

［会話/声かけ］
　お身体を流します：I'll help you wash up now.
　お湯は熱くないですか：How is the hot water?
　痒いところはありませんか：Do you have any itchy areas?
　おトイレに行きましょうか：Would you like me to assist you with your toileting? now?
　お体を動かします：I'll now move your baby.
　お着替えをしましょうか：I'll now help you get dressed.

第13章　介護レセプト

今日のお味はいかがですか：How would you like to taste it today?

［介護専門用語］

ADL（日常生活動作）：activities of daily living

手段的ADL（日常生活動作）：instrumental activities of daily living

生活援助：residential care

終末期ケア：terminal care

介護過程：care process

認知症：dementia

中核症状：core symptoms

周辺症状：Peripheral symptoms

せん妄：delirium

見当識障害：disorientation

妄想：delusion

幻覚：hallucination

徘徊（お一人歩き）：wandering

生活習慣病：lifestyle-related disease

糖尿病：diabetes

関節リウマチ：rheumatoid arthritis

廃用症候群：disuse syndrome

褥瘡（床ずれ）：bedsore

失禁：incontinence

食事介助：assistance with meals

入浴介助：bathing assistance

清拭：bed bath

排泄介助：toilet assistance

移乗介助：transfer support

263

体位変換：changing position

吸引：suction

車椅子：wheelchair

手すり：handrail

2.介護レセプト / ケースファイル の用語

介護報酬：payment for providing long-term care

介護給付：nursing care payment

介護施設：nursing care facility

要介護度：nursing care level

要介護認定：primary nursing care requirement authorization

介護扶助：care aid

アセスメント票：assessment sheet

1割負担：ten percent user payment rate

2割負担：twenty percent user payment rate

3割負担：thirty percent user payment rate

訪問介護（ホームヘルプサービス）：home helper service

定期巡回・随時対応型訪問介護看護：periodic visits and occasional home visit care nursing

夜間対応型訪問介護：night home visit care

訪問入浴介護及び介護予防訪問入浴介護：home-visit bathing care and preventive home-visit bathing care

訪問看護及び介護予防訪問看護：home-visit nursing and preventive home-visit nursing

訪問リハビリテーション及び介護予防訪問リハビリテーション： home-visit rehabilitation and preventive home-visit care rehabilitation

第13章　介護レセプト

居宅療養管理指導及び介護予防居宅療養管理指導：at-home medical management guidance and preventive care at-home medical management guidance

通所介護・地域密着型通所介護及び通所介護相当サービス（デイサービス）：daytime nursing care,community-based daytime nursing care, and services corresponding to daytime nursing care

認知症対応型通所介護及び介護予防認知症対応型通所介護：daytime care for dementia patients and preventive care for dementia patients

通所リハビリテーション及び介護予防通所リハビリテーション（デイケア）：daytime rehabilitation services and preventive care rehabilitation

短期入所生活介護及び介護予防短期入所生活介護（ショートステイ）：short-term stay for daily life care and preventive daily life care（short stay）

短期入所療養介護及び介護予防短期入所療養介護（療養型のショートステイ）：short-term stay medical care and preventive medical care（medical care short stay）

小規模多機能型居宅介護及び介護予防小規模多機能型居宅介護：small-scale, multifunctional at-home care; and preventive small-scale, multifunctional at-home care

看護小規模多機能型居宅介護：small-scale, multifunctional at-home nursing care

特定施設入居者生活介護及び介護予防特定施設入居者生活介護：daily life care and preventive daily life care for persons living at designated facilities

地域密着型特定施設入居者生活介護：daily life care for persons living at designated community-based facilities

265

認知症対応型共同生活介護及び介護予防認知症対応型共同生活介護（グループホーム）：group home care and preventive group home care for dementia patients（group home）

福祉用具貸与及び介護予防福祉用具貸与：rental of welfare equipment and welfare equipment for preventive care

特定福祉用具購入及び特定介護予防福祉用具購入：specified welfare tool and preventive care welfare tool purchasing

住宅改修及び介護予防住宅改修：home refurbishment and preventive care home refurbishment

介護老人福祉施設（特別養護老人ホーム）：welfare care facilities for the elderly（special nursing homes）

地域密着型介護老人福祉施設入所者生活介護（特別養護老人ホーム）：community-based welfare care facilities for the elderly that provide daily care for facility residents（special nursing homes）

介護老人保健施設（老人保健施設）：healthcare facilities for the elderly

介護医療院：recuperation care type-medical facilities

介護療養型医療施設（療養病床など）：medical care facilities（sanatorium ward, etc.）

3. 福祉に関する用語

平均寿命：average life expectancy

健康寿命：healthy life expectancy

高齢社会：aged society

高齢者への偏見：ageism

介護予防：nursing care prevention

寝たきり高齢者：bedridden elderly

第13章 介護レセプト

[図13-5] 介護保険の全体像（英語版）

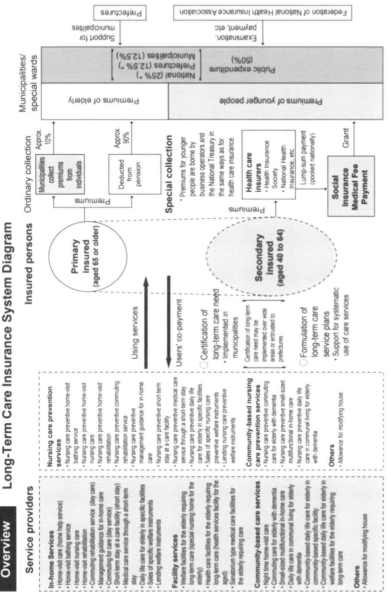

（出典）厚生労働省ホームページ

自立支援：support for Independence

説明責任：accountability

ノーマライゼーション：normalization

ソーシャルインクルージョン：social inclusion

QOL：quality of life

地域福祉：community care

自己実現：self-actualization

4.介護施設に関する用語

特別養護老人ホーム：special nursing homes for the elderly

養護老人ホーム：homes for the elderly

介護老人保健施設：health care facilities for the elderly requiring long-term care

介護療養型医療施設：sanatorium type medical care facilities for the elderly requiring long-term care

軽費老人ホーム：homes for the elderly with a moderated fee

ケアハウス：care house

グループホーム：group home

小規模多機能型居宅介護：small-scale and multi-functional facilities

有料老人ホーム：elderly Homes without public financial support

地域包括支援センター：comprehensive local support center

社会福祉協議会：council of social welfare

5.介護に関する専門職

介護福祉士：certified care worker

介護職員：care worker for elderly

ソーシャルワーカー：social worker

第13章　介護レセプト

介護支援専門員：care manager

介護認定調査員：investigator for the certification of long-term care

訪問介護員：home helper

生活相談員：social worker in social welfare facilities

福祉用具専門相談員：welfare-equipment advisor

ボランティア：volunteer

認知症ケア専門士：dementia carer qualified

EPA：Economic Partnership Agreement

介護職種の技能実習生：technical intern trainees in nursing care occupations

特定技能：Specified Skilled Worker

6.介護経営に関する用語

顧客満足度：customer satisfaction

リスクマネジメント：risk management

社会福祉運営管理：social administration

費用対効果を考慮した経営：cost management

占有率：share

規模効果：scale merit

民間非営利組織：nonprofit organization

計画や日程，予定表：agenda

資産：asset

提携先：alliance

論点や課題：issue

チャンス：oppotunity

代替案：alternative plan

利害関係者：stakeholder

269

多様な人材活用：utilization of diverse human resources

決定：dicision

締切期限：dead line

市場の隙間：niche

予算：budget

選ばれるために，組織価値を高めること：branding

SWOT分析：SWOT analysis

「強み（Strength），弱み（Weakness），機会（Opportunity），脅威（Threat）」

SWOT ANALYSIS

	Strengths 1. 2. 3. 4.	Weaknesses 1. 2. 3. 4.
Opportunities 1. 2. 3. 4.	Opportunity-Strength strategies *Use strengths to take advantage of opportunities* 1. 2.	Opportunity-Weakness strategies *Overcome weaknesses by taking advantage of opportunities* 1. 2.
Threats 1. 2. 3. 4.	Threat-Strength strategies *Use strengths to avoid threats* 1. 2.	Threat-Weakness Strategies *Minimize weaknesses and avoid threats* 1. 2.

13-5.海外の介護保険制度，福祉制度

1.日本の社会保障制度

　社会保障制度とは，「生きる」を支える制度である。生きるを難しい言葉で「生存権」という。そのためには，すべての国民を対象とする公

第13章　介護レセプト

的年金保険，医療保険，介護保険，子育て支援，生活保護，社会福祉，公衆衛生などの社会保障制度が必要不可欠となる。社会保障制度は，私たちの暮らしを支える重要な社会基盤，社会的仕組み，つまり，国民の「安心」や生活の「安定」を支えるセーフティネットである。社会保障は，社会保険，社会福祉，公的扶助，保健医療・公衆衛生からなり，人の生活を生涯にわたって支えるものである。以下は，昭和25年及び昭和37年の社会保障制度審議会の勧告に沿った分類に基づいたものである。

①社会保険（年金・医療・介護）→人が病気，けが，出産，死亡，老齢，障害，失業など生活の困難をもたらすいろいろな事故（保険事故）に遭遇した場合に一定の給付を行い，その生活の安定を図ることを目的とした強制加入の保険制度のこと。

　　年金保険制度＝老齢・障害・死亡等に伴う稼働所得の減少を補填し，高齢者，障害者及び遺族の生活を所得面から保障する。

　　医療保険＝病気やけがをした場合に誰もが安心して医療にかかることができる。

　　介護保険＝加齢に伴い要介護状態となった時に介護サービスを利用することができる。

　　その他に労働者災害補償保険や雇用保険がある。

②社会福祉→障害者，母子家庭被虐待児童など社会生活をする上で様々な生きづらさ，ハンディキャップを負っている人が，安心して社会生活を営めるよう，公的な支援を行う制度。

　　社会福祉＝一例として，高齢者，障害者等が円滑に社会生活を営むことができるよう，在宅サービス，施設サービスを提供するものなどがある。

271

児童福祉＝一例として，児童の健全育成や子育てを支援，母子家庭・父子家庭の支援，DV被害者への支援などがある。

③公的扶助→生活に困窮する国民に対して，最低限度の生活を保障し，自立を助ける制度。

生活保護制度＝健康で文化的な最低限度の生活を保障し，その自立を助長する仕組み。

④保健医療・公衆衛生→人が健康に生活できるよう様々な事項についての予防，衛生のための制度。

医療サービス＝医師その他の医療従事者や病院などが医療を提供する仕組み。

保健事業＝疾病予防，健康づくりなど。

母子保健＝母性の健康を保持，増進するとともに，心身ともに健全な児童の出生と育成を増進。

公衆衛生＝食品や医薬品の安全性を確保。

2.海外の福祉制度，介護保険制度

（1）スウェーデンの社会福祉制度

1930年代に首相であったベール・アルビン・ハンソン（1885～1946）の指導のもと「国民の家」といわれる国家建設が始まった。国民誰もが基本的な安定を保障される社会民主主義社会を指した。今日においても，世界有数の福祉国家と言える。

医療・福祉の社会保障システムは充実している。医療サービスは，全国23の県（ランスティング）から提供され，基本的には無料（ただし，一部負担金はある）である。高齢者の介護サービスは，市町村（コミューン）から提供される。

第13章　介護レセプト

【表13-3】福祉国家の類型

社会民主主義 →政府主導の税金方式	自由主義 →自由市場による民間保 　険，福祉，ボランティア	保守主義 →家族と社会保険，税金
スウェーデン　デンマーク	アメリカ　イギリス	ドイツ　イタリア 大陸ヨーロッパモデル 南欧＝東アジアモデル

（出典）エスピン・アンデルセン『福祉レジーム論』

　スウェーデンは介護保険方式ではなく税方式の国である。地方税はおおよそ26〜35％，所得が多くなると国税が加算され，さらに消費税は「25％」の「高福祉・高負担」である。それぞれの能力に応じて納税し，それぞれの必要に応じて，「分配」するという考え方（後から自分たちに戻ってくる），分け合う「社会民主主義」の考えがある。すなわち，スウェーデンの福祉理念＝ノーマライゼーションである。

　社会福祉の法律は，1980年に成立した社会サービス法である。この法律によって身近な自治体であるコミューンが，福祉サービスの整備や充実を進めている。1992年にはエーデル改革によって高齢者ケアのあり方が見直され，高齢者への医療及び福祉サービスの提供は，コミューンの役割として一本化されている。障害福祉分野では1993年にLSS（機能障害者を対象とする援助及びサービスに関する法律）が成立しノーマライゼーションの一層の推進を図るため個別ヘルパーであるパーソナル・アシスタンスや孤立化防止のためのコンタクト・パーソン制度などが取り入れられている。

（2）ドイツの介護保険制度

　介護保険制度（Pflegeversicherung）は，連邦保健省が所管しており，介護金庫（Pflegekasse）が運営主体となっている。被保険者は，原則として医療保険の被保険者と同じ範囲であり，年齢による制限はない。

273

この点は日本の介護保険制度と異なる。被保険者である若年者が障害等で要介護状態になった場合には、介護保険からの給付を受けることができる。

保険者は介護金庫であるが、医療保険者である疾病金庫が別に組織し、運営している。

介護保険の財源は保険料であり、国庫補助は行われていない。この点も約50％が税金である日本の介護保険制度と異なる。保険料率は、2017年1月現在、賃金の2.55％（被保険者：1.275％、事業主：1.275％）となっている。

要介護認定は、医療保険メディカルサービスの審査を経て、介護金庫が最終的に決定する。要介護度は、必要な介護の頻度や介護のために必要な時間等に応じて、要介護度1から要介護度5までの5段階に分類されている。

給付内容は、①介護現物給付、②介護手当（現金給付）、③組合せ給付（介護現金給付と介護手当を組み合わせた給付）、④代替介護、⑤部分施設介護、⑥ショートステイ、⑦介護補助具の支給・貸与、⑧住宅改造補助、⑨完全施設介護等がある。現金給付が存在するのも日本の介護保険制度とは異なる点である。完全施設介護については、在宅介護や部分施設介護による在宅生活が困難な要介護者についてのみ実施される。

施設としては、老人居住ホーム、老人ホーム、介護ホーム等が存在する。老人居住ホームは、高齢者がなるべく自立した生活を送ることができる設備を有する独立の住居の集合体であり、入所者が共に食事をとる機会等が設けられている。老人ホームは、自立した生活を送ることが困難である高齢者が居住し、身体介護や家事援助の提供を受けることができる施設であり、多くの場合それぞれ独立した住居となっている。介護ホームにおいては、入所者は、施設内の個室又は二人部屋において、包括的な身体介護や家事援助を受けられる。

274

第13章　介護レセプト

(引用文献：厚生労働省「欧州地域にみる厚生労働施策の概要と最近の動向（ドイツ）」
https://www.mhlw.go.jp/wp/hakusyo/kaigai/18/dl/t3-04.pdf）

13-6.外国人介護人材の現状

　2008年以降から発展してきた日本の外国人介護人材の受入れの現状
を述べる。

　2008年にEPA介護福祉士候補という仕組みが開始されてから，在留
資格介護を得る方法は2024年までに4つの形に展開されている。①
EPA，②介護留学，③介護職種の技能実習（以下，介護技能実習生），
④特定技能である。EPAが2008年協定，2009年度から受入れ開始であ
る。在留資格「介護」（介護留学）は，2016年成立し，2017年9月から
施行されている。技能実習制度は，1993年成立，2010年に改正，2017
年11月から介護が追加されている。特定技能は，2018年に創設され，
2019年4月から施行されている。

　仕組みは，図13-6の通りである。出口としては，介護福祉士取得か
ら労務契約により「在留資格介護」を得て，継続的な日本での介護就労
が可能となる。もっとも，全ての外国人介護人材が介護福祉士資格取得
を最終目標としているわけではない。はじめから3年ないし5年，10年
のスパンで働くことを目標としている場合もあれば，介護福祉士を目指
したものの結果的に不合格となる場合もある。

　①特定活動EPAにおける2023年の介護福祉士国家試験では，1,153
名が受験，754名が合格，合格率は65.4％という状況である。2023年8
月1日時点で在留者数は，2,887人（うち資格取得者822人）となって
いる。

　②介護留学は，2014年から2019年までの6年間で，介護福祉士養成
施設での留学生として4,138人が入学している。この介護留学生は

275

【図13-6】 在留資格介護を得る方法

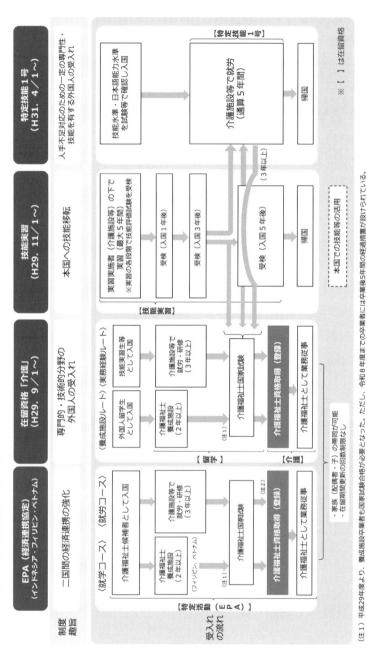

(注1) 平成29年度より、養成施設卒業者も国家試験合格が必要となった。ただし、令和8年度までの卒業者には卒業後5年間の経過措置が設けられている。
(注2) 4年間にわたりEPA介護福祉士候補者として就労・研修に適切に従事したと認められる者については、「特定技能1号」への移行に相当し、技能試験及び日本語試験等を免除。

(出典) 厚生労働省ホームページ

第13章　介護レセプト

【表13-4】在留資格の種類と対応人数

在留資格の種類	
介護技能実習生	15,011人（2022年6月現在）
EPA介護福祉士候補者（フィリピン，インドネシア，ベトナム）	2,887人（2023年8月現在）
在留資格介護	6,284人（2022年12月現在）
特定技能	21,152人（2023年5月現在）
	DEL
	合計45,334人

※実際には上記の数字以外に，介護留学として来日し，資格外活動として介護保険施設でアルバイト留学生や身分に基づく在留資格で介護の仕事の仕事をしている人等がいる。
（出典）：筆者作成

2019年度入学者だけで2,037人であり，EPAと比較した場合，2019年度の約1年間で，EPA12年間分来日者数の4割相当を占める。相対的には，「急増」と表現できるだろう。介護留学生の数は，介護養成施設の入学定員のキャパシティに準拠するものの，定員充足率は2019年度で48.5%であり，まだ増える可能性を有していた。2020年度の2,395人をピークに，2021年度からはコロナ禍を受けて減少し，2023年度は前年度比で78人減の1,802人となっている。2022年12月末時点（入管庁）で，在留者数：6,284人である。

③介護技能実習は，2018年7月に，介護職種の技能実習生第1号として2人の中国人が来日したところからスタートした。この仕組みは，2018年から実際に稼働している。2022年6月末時点（入管庁）で，在留者数：15,011人である。介護技能実習生の場合，日本語能力試験であるN3に不合格の場合は，帰国する必要があったが，現在は合格できなくても，さらに引き続き2年間の在留を可能とし，N4のままでも計3年間は滞在できるようになっている。最大5年間滞在できる仕組みであるが，3年で帰国する場合は多い。

277

【図13-7】外国人労働者のキャリアアップの流れ

（出典）毎日新聞2024.06.14

　④特定技能1号の介護は，2019年4月から開始された。技術移転を名目とする技能実習制度ではなく，活動による在留資格介護に，「就労」という形が認められたことになる。2023年5月末時点（速報値）（入管庁）で，在留者数：21,152人である。現在は，技能実習介護よりも特定技能の方が多くなっている。

　これらの4つルートを合計して，2024年現在約4万から5万人程度の外国人介護職員が従事していると推計できる。2022年と比べて約5,000～1万人ぐらい増えている。

　いずれの場合においても，日本で継続的に働くためには，介護福祉士の国家試験に合格し，介護福祉士の登録を行い，介護施設等の労務契約を結んで　介護福祉士として勤務することによって，継続的に日本で就

労することができる。

　2024年6月，技能実習に代わる外国人材受け入れの新制度である「育成就労」を創設する技能実習適正化法などの改正案が，参院本会議で可決，成立している。介護においても，2027年より外国介護人材の長期就労の方向が一定示されたと評価できる。

［引用・参考文献］
・Shinjuku City Long-term Care Insurance Division（Fiscal 2018）「Guidebook for Long-term Care Insurance」
・秋山美栄子（2006）『介護の用語と英語』株式会社NOVA
・大西健二（2007）『福祉カタカナ語辞典』創元社
・厚生労働省「10. Health and Welfare Services for the Elderly（10）高齢者保健福祉 Long-Term Care Insurance System Diagram（PDF：332KB）」
・国際交流基金関西国際センター（2017）『外国人のための看護・介護用語集 日本語でケアナビ　英語版』凡人社
・吉田聡（2008）「福祉・介護・リハビリ英語小事典」英光社

終章
レセプト知識の不足

1.国民の知識不足，情報不足の現状

　健康のための知識に関する概念にヘルスリテラシーがある。ヘルスリテラシーとは，健康情報を入手し，理解し，評価し，活用するための知識，意欲，能力であり，それによって，日常生活におけるヘルスケア，疾病予防，ヘルスプロモーションについて判断したり意思決定をしたりして，生涯を通じて生活の質を維持・向上させることができるものである。

　中山（2015）によると，日本におけるヘルスリテラシーは，ヨーロッパと比較し，低い結果であった。特にレセプトに関する知識に言及したヘルスリテラシーの論文がある。大友（2018）はレセプトの意味を知っているかどうか，知識を問う質問紙調査において（広島市と仙台市を対象に調査），「よくわからない」と回答した件数が「よくわかる」の回答件数と拮抗しており半数近くの者が理解していないという結果であった。

　国民の知識不足に関連した事例として，2019年の診療報酬の改定がある。2019年4月に妊婦加算が誕生したが，この加算に対して反応があったのは，新しい加算が始まってから5か月後である。それまでは特に話題とならず，SNSの書き込みが始まって拡散してから問題が浮き彫りとなった。

　点数改定の情報は2019年3月には公開されていたが，国民は3月の段階では知らなかったと考えられる。9月以降に医療機関を利用した患者のXによるつぶやきによって，問題が広がり国会で取り上げられることとなった。厚生労働省が，制度に関するリーフレットを作成したのは，Xで騒ぎになったあとの11月であったことから，国民への情報伝達は十分ではなかったと考えられる。しかしながら，医療機関に勤務するレセプトに関わる事務職員は制度開始前の段階から周知しており，点数に関するプロである。ところが3月の時点で医療機関側からの問題点指摘はなかったようである。

282

終章　レセプト知識の不足

　付け加えて，2020年にパンデミックとなった新型コロナウイルスの場合では，誤った情報により，トイレットペーパーやティッシュペーパーが品切れになり，日本のPCR検査については，日本国内感染者数が増大している3月6日に診療報酬化された後，検査件数が増えず海外より圧倒的に少ない理由について，国民に正しい情報が伝わらないため，情報が混乱した。政府からは検査可能件数を3月14日に「1日8,000件以上」，4月6日に「1日2万件まで増やす」方針などを宣言したが，実際には1日3,000件に達する程度であったため，ネット上で炎上する現象がみられた。検査件数が増えない事情について，十分に政府から国民へ伝達がなされていなかった。

2. 実務者の実務知識と学術的知識

　日本レセプト学会では，毎年国際学術大会を海外で実施しているが，なぜその必要があるかを説明すると，現場経験の豊富な方のなかには，海外の情報は制度が違うわけだから，海外情報を知る必要性がないという考えが見受けられる。現場視点だけで言えば決して間違っているということではないが，レセプトを研究すると，日本の社会保障制度はいつまで現状を続けられるのか？といった点について考える機会が少なくない。その際には国際的視点が重要になる。税率を引き上げて対処するならば，北欧型に近づく。もしそういった政策に近づくならレセプトはどうなるか？たとえば日本の労働力人口が減少しているなかで，どう対応するかという点を，人材不足対処が進んでいる国をみておくことで，AIや外国人労働者の雇用の日本の未来像が見えてくることは言うまでもない。少子化対策をする国では，正常出産でも保険適用化されている国（台湾）があり，予防行動を促進させるための政策では，定期健康診査をする者には，初診料，再診料を減額するという方法を導入している国（韓国）もある。こういったことは日本政府で参考にしており，

283

改定，点数化されることが少なくない。レセプトは1か月前の過去デー
タとして取り扱う日本は，ずっとこの制度のままであると決めつけては
いけない。制度は国家が必要とするならば政策によって変えられるもの
である。レセプト提出している近隣の国々ではリアルタイム提出である
ことから，そのリアルタイムのメリットは何であるかを知っておくべき
である。

　つまり，ここで言いたいことは，最先端のレセプトの情報とは，厚生
労働省，社会保障審議会等の改定情報といった実務目線だけでは不足で
あり，国家の未来像から改定情報に繋がっていることを忘れてはならな
い。レセプトの知識不足問題における実務者の問題点は，アカデミック
な視点が抜けてしまいがちなところにある。レセプトが実務からレセプ
ト管理学として学問化されるなかで，レセプトの知識は政策までも視野
に入れる広範囲なものと考えなければならない。

3.知識の必要性

　医療保険制度やレセプトについての知識はなぜ必要なのかという点に
ついて触れておきたい。

　周知の通り高齢化の影響などで，膨大に膨らむ医療費の増大を防ぐた
め，国が医療費抑制のために，国民の負担が増大する方向で，医療制度
の改革を推し進めてきた。

　そもそもレセプトや診療報酬点数表を積極的に国民に理解を促進する
ための特別な活動（キャンペーンなど）をしているわけではない。保険
制度による医療費の特殊性もある。たとえば，医療機関へ通院する際
に，事前に金額を知って通院する人はほとんどいない。受付で請求され
て初めて金額を知ることとなる。そのため，現代の患者で，何でいくら
かかるのかを知っていて受診する国民はいないといってよい。レストラ
ンで食事をする際には，先にメニューを見て金額を知り，購入するのが

当たり前である。ところが，医療福祉分野は異なる。サービスを先に受けてから，金額を知るという逆順になっている。金額不明のままサービスを受けるシステムが当たり前のようになっているのは保険制度で負担を低く守られているからである。しかし，近年は自己負担率が大きくなり，国民がコスト意識を持たなければならない時代になっている。これまでの医療改革では，徐々に国民の負担を増える方向で調整してきた。

　高等学校までの学校教育では，医療機関通院の仕方，医療保険の仕組みを学ぶ機会はなく，高等教育機関である大学や専門学校等のうち，医療系の専門教育を受ける機会がある一部の者以外は，診療報酬点数やその仕組みなどのレセプトを知る機会がない。

　国民に医療費のコスト意識を高めるには，医療費に関する仕組み，保険制度に関する根本的な理解が必要である。患者が過剰に湿布薬をもらってしまうことが，どういった影響を与えるのかということを保険制度を踏まえた理解があるとは考えにくい。

　レセプトは誰のためのものかという議論は，カルテは誰のためのものかという議論と同じように，立場によって大きく見解が異なってくる。医療機関経営のためのものであるという感覚はカルテよりも強いかもしれない。周知の通り，診療報酬の算定には，医療機関側の負担，評価が点数に反映されているからである。健康保険法の第1条の目的は「疾病，負傷若しくは死亡，出産に関して保険給付を行い，もって国民の生活の安定と福祉の向上に寄与することを目的とする」と掲げているように，保険制度では明確に国民のためのものとしている。保険制度の仕組みからレセプトは誕生し，活用されていることを考えると，レセプトは国民のためのものと考えるのは言うまでもない。

　点数化されている仕組みを，誰が国民に伝えるべきなのか，それはその専門性を持つ職業に委ねられると考えてはいかがであろうか。その職業とは，レセプトを算定する医療，福祉系のレセプト管理士である。

285

［参考文献］
・大友達也・黒野伸子（2018）「健康自己管理の地域差に関する研究　広島県と宮城県の分析より」『医療福祉研究』11号
・中山和弘（2014）「ヘルスリテラシーとヘルスプロモーション，健康教育，社会的決定要因」『日本健康教育学会誌』22（1）
・NHK政治マガジン
https://www.nhk.or.jp/politics/articles/feature/12802.html（2019年5月10日参照）
・産経新聞「安倍首相PCR検査，今月中に8000件に増強」
https://www.sankei.com/politics/news/200314/plt2003140011-n1.html（2020年4月29日参照）
・新型コロナ騒動から考える日本人の「ヘルスリテラシー」
https://www.nippon.com/ja/in-depth/d00551/（2020年4月14日参照）
・「村中璃子が情報番組に出演コロナ注意喚起→炎上」
https://hzrd97.info/archives/17137（2020年4月30日参照）
・「新型コロナどう増やす?PCR検査」
https://www.nhk.or.jp/gendai/articles/4410/index.html（2020年4月30日参照）

2024年10月30日　第1刷発行

レセプト管理学 —論から学への深化—

監　修	一般社団法人 日本レセプト学会	
著　者	大　友　達　也	
	小　熊　英　国	
	河　合　晋　子	
	黒　野　伸　由	
	酒　井　一　馬	
	坂　本　ひ と み	
	瀬　戸　僚　馬	
	内　藤　道　夫	
	長　面川さより	
	秦　　康　宏	
	服　部　しのぶ	
	堀　内　寛　之	
発行者	脇　坂　康　弘	

〒113-0033 東京都文京区本郷2-29-1

発行所　株式会社 同友館

TEL.03(3813)3966
FAX.03(3818)2774
https://www.doyukan.co.jp/

落丁・乱丁本はお取り替えいたします。　　　　三美印刷／松村製本所
ISBN 978-4-496-05721-2　　　　　　　　　Printed in Japan

本書の内容を無断で複写・複製（コピー），引用することは，
特定の場合を除き，著作者・出版者の権利侵害となります。